Relire *Nouvelles réalistes et naturalistes*

■ Testez votre lecture ... 110

■ Structure des œuvres ... 112

■ Pauses lecture
1. Comment lancer la dynamique d'une nouvelle ? ... 114
2. Comment une description peut-elle dévoiler les secrets d'un cœur ou d'une société ? ... 116
3. Finir ou ne pas finir ? ... 119
4. Écrire le réel tout contre le fantasme ? ... 121

■ Analyse d'images
Photographier, est-ce recomposer le réel ? ... 124

■ Lectures transversales
1. Comment restituer les voix populaires ? ... 126
2. Comment faire surgir l'émotion d'une réalité misérable ? ... 130

■ Groupement de textes / Vers l'écrit du bac
Voix intérieures au féminin ... 134

■ L'œuvre en débat
Quelle forme donner à l'écriture du réel ? ... 140

■ Question d'actualité
Dire les drames ordinaires : fiction ou documents ? ... 147

■ Rencontre avec...
Henri Mitterand, spécialiste du naturalisme ... 152

■ Lire et voir ... 157

Qui sont les auteurs ?

Jules François Félix Husson, dit Champfleury (1821-1889)

En 1865, cet autodidacte devenu journaliste, critique d'art et écrivain, ami de Hugo et de Flaubert, est déjà un célèbre défenseur du réalisme et de « l'art vrai ». Ses récits évoquent particulièrement la petite-bourgeoisie et les milieux bohèmes de son temps. On peut lire dans *Les Trouvailles de M. Bretoncel,* publié pour la première fois en 1865 et repris en volume en 1889, un savoureux autoportrait ironique : collectionneur avisé, Champfleury est en effet un expert en faïences et émaux et il devient même en 1872 conservateur du musée de Sèvres, puis administrateur de la Manufacture de Sèvres, haut lieu de fabrication de ces objets. Il écrira également un autre roman sur son goût maniaque pour les faïences : *Le Violon de faïence* (1895). ■

Émile Zola (1840-1902)

Après des débuts difficiles, qui lui font rencontrer la misère, comme spectacle et parfois comme épreuve, Zola débute sa carrière littéraire dans la presse, se faisant journaliste littéraire puis journaliste politique. Il décrit la réalité quotidienne dans des textes parfois durs sur la misère, comme dans *Le Chômage*, en 1874. D'abord titré « Le Lendemain de la crise » (crise de la fin de 1872), ce texte a fait scandale. Zola apparaît alors comme le maître incontesté d'un nouveau courant : le naturalisme, et se lance dans le grand projet des *Rougon-Macquart*. Écrivain engagé contre toutes les injustices, malgré sa haine de la politique, il défendra ses convictions avec courage, en particulier à l'occasion de l'affaire Dreyfus. ■

biographies

**Guy de Maupassant
(1850-1893)**

Toute l'œuvre de Maupassant a été écrite au cours de la décennie 1880-1890, avant la dégradation rapide de sa santé physique et mentale. Ce disciple de Flaubert publie des romans importants (*Une vie*, en 1883 ; *Bel-Ami*, en 1885, *Pierre et Jean*, en 1888) et un grand nombre de nouvelles à la réussite éclatante, comme *Boule de suif* (1880). *Miss Harriet* paraît dans *Le Gaulois* du 9 juillet 1883, et donne son titre au recueil de 1884. *Rosalie Prudent* est publié dans le *Gil Blas* du 2 mars 1886, puis dans le recueil *La Petite Roque* en 1886. ■

**Théodore de Banville
(1823-1891)**

En 1885, Banville est un très célèbre écrivain, à la fois comme poète, dramaturge et critique dramatique. Ami de Hugo, de Baudelaire et de Gautier, il tente d'ouvrir une nouvelle voie à la poésie de son temps, refusant à la fois le romantisme trop sentimental et la sécheresse de la poésie réaliste. Il se tourne vers la prose à la fin de sa vie, en accentuant l'attention portée à la vie quotidienne ; le poète de la vie moderne se fait conteur et nouvelliste. D'abord publié dans *Gil Blas*, *Les Servantes* est repris dans les *Contes bourgeois* en 1885, qui constituent autant d'esquisses sociales et de satires du bourgeois (et souvent des femmes). ■

Nouvelles réalistes et naturalistes

Octave Mirbeau
(1848-1917)

S'il est déjà un journaliste influent à la plume acérée, Mirbeau n'est pas encore un romancier reconnu, en 1885. Il a cependant écrit comme nègre un grand nombre de romans, qui ont en commun une vision très critique de la société bourgeoise. Alors qu'il radicalise ses opinions politiques, jusqu'à l'anarchisme militant, il tente d'intégrer à son évocation du réel les mystères de l'âme humaine. *Le Père Nicolas* fait partie des nouvelles paysannes des *Lettres de ma chaumière* (1885), où il évoque la capacité des gens du peuple à affronter le malheur sans drames apparents, au-delà des clichés habituels des récits naturalistes. Ce n'est que l'année suivante, en 1886, qu'il fera ses débuts de romancier, avec le très scandaleux *Le Calvaire* (1886), suivi d'autres récits qui réinventent la forme romanesque (*Dans le Ciel*, *Journal d'une femme de chambre*, *La 628-E8*). ∎

Joris-Karl Huysmans
(1848-1907)

La carrière littéraire de Huysmans est faite de ruptures. Il est d'abord défenseur du naturalisme, jusque dans les années 1880 (voir *Marthe, histoire d'une fille*, en 1876, *Les Sœurs Vatard*, en 1879 et sa participation au recueil *Les Soirées de Médan* en 1880). Mais son pessimisme et son rejet de la modernité le conduisent à explorer d'autres formes d'écriture, proches du symbolisme (*À Rebours*, 1884). Au milieu des années 1890, il se convertit douloureusement au catholicisme, et tend alors au mysticisme. *La Retraite de M. Bougran* est un texte carrefour dans cette évolution complexe de l'écrivain. Rédigé en 1888 (mais publié seulement en 1964, à titre posthume), le texte évoque l'existence terne d'un anti-héros au destin tragique, condamné par l'atrocité de la vie moderne. ∎

biographies

**Marcel Schwob
(1867-1905)**

Très tôt initié à la littérature (Banville et Gautier sont des amis de son père), Marcel Schwob poursuit d'abord une carrière de journaliste, et se constitue très vite un important réseau d'amitiés (Jarry, Valéry, Gide, Renard, Colette, Mirbeau...). Érudit inclassable, il se passionne pour Villon, pour l'argot, qu'il étudie comme une langue à part entière. En 1891, il dirige le supplément littéraire de l'*Écho de Paris*, et devient une personnalité incontournable des lettres françaises. Mélancolique et d'une sensibilité exacerbée, il cisèle de petits textes en prose au registre varié, qui paraissent sous le titre de *Cœur double*, dédié à Stevenson, puis du *Roi au masque d'or* (1892, contes fantastiques). ■

Les premiers pas hésitants de la IIIe République

Le dernier tiers du XIXe siècle est marqué par une accélération sensible de l'Histoire, en France : une défaite, une guerre civile, un nouveau régime d'abord instable, une crise sociale, mais aussi l'instauration de la République, l'affirmation des principes de liberté et de démocratie, la floraison de nouveaux courants esthétiques (naturalisme, symbolisme, Parnasse, en particulier).

Les fondements fragiles de la IIIe République

Après la défaite de Sedan (2 septembre 1870) et la capture de Napoléon III, se met en place un gouvernement de Défense nationale, qui proclame la République. La paix s'organise difficilement, après la capitulation de Paris. Les dures conditions imposées par l'Allemagne provoquent une grave crise parlementaire, puis une insurrection armée à Paris : la Commune (18 mars-28 mai 1871). Le petit peuple parisien refuse la défaite et l'attitude du pouvoir politique, et tente de se réapproprier

« De nouveaux élans populaires »

la République dans l'espace urbain. Mais cette révolution politique et sociale échoue, réprimée dans le sang. La République a ainsi affirmé sa capacité à maintenir l'ordre, et écrasé pour longtemps le mouvement socialiste.

Suivent des réformes financières, administratives et militaires importantes, même si la République est administrée par des conservateurs plutôt favorables à la monarchie (Thiers, Mac Mahon) jusqu'en 1876. Vient alors le temps de la réconciliation nationale, autour de symboles forts : en 1879, « La Marseillaise » devient l'hymne de la nation, les communards sont amnistiés. Les gouvernements de Jules Ferry mettent en place une école républicaine et affirment les grandes libertés (presse, syndicats, élections locales). Les années 1885-1891 voient reparaître les crises, avec une instabilité ministérielle aggravée, le coup d'État avorté de Boulanger, et une crise sociale profonde qui se manifeste par des grèves dures. La société française reste divisée, malgré des tentatives pour restaurer la grandeur nationale à travers les conquêtes coloniales.

contexte
historique et culturel

Montée d'une force neuve : le peuple

La Troisième République marque l'avènement véritable de la démocratie, non sans doutes cependant. La méfiance à l'égard du monde ouvrier, d'abord, héritée du traumatisme de la Commune, persiste : l'instruction publique vise à la fois à former des citoyens éclairés, et à pacifier une nation profondément divisée. Au mépris de la bourgeoisie répondent cependant de nouveaux élans dans les milieux populaires, qui se saisissent de toutes les formes de diffusion du savoir et de la culture comme d'une chance de promotion sociale, même si toutes les structures familiales et sociales restent fortement hiérarchisées.

Les paysans sont mieux considérés, même s'ils restent relégués aux marges de la nation. Leur attachement supposé aux valeurs traditionnelles les rend rassurants pour le nouveau régime, qui va s'employer à la lente modernisation des campagnes, grâce au développement des modes de communication et des nouvelles techniques agricoles. Les valeurs républicaines se diffusent grâce à la presse locale, l'école, le service militaire. Ce monde du passé entre ainsi progressivement dans la modernité.

Floraison des arts et des techniques

Le progrès industriel touche désormais toutes les sphères de la société, et la civilisation technique s'impose à tous. L'époque est au scientisme et à l'évolutionnisme, même si cela

« *La naissance de l'art moderne* »

n'empêche pas certains d'exprimer leur pessimisme, à l'instar de Baudelaire, face à cette modernité triste et parfois aliénante. L'essor de la photographie, la possibilité de diffuser des images à grande échelle, le développement de nouvelles techniques conduisant à la naissance du cinéma (1895) modifient radicalement le rapport à l'image. En peinture, même si les formes traditionnelles persistent, c'est le temps de la floraison des nouvelles écoles, tel l'impressionnisme, qui prend acte du matérialisme dominant pour tenter de saisir au mieux la puissance du réel. C'est la naissance de l'art moderne : la peinture, désormais, n'exprime rien d'autre qu'elle-même ; la stricte présentation de la chose vue n'engage aucune interprétation, aucun message, et se suffit désormais à elle-même, dans un audacieux dépassement du réalisme. ∎

Nouvelles réalistes et naturalistes

Des nouvelles réalistes en temps de crise

Le XIXe siècle est l'âge d'or du roman et de la nouvelle : le récit apparaît comme la meilleure forme pour représenter le monde moderne, les apprentissages, les déceptions, les crises, les réussites et les drames de l'individu. Après le temps des historiens du présent (Stendhal, Balzac), et celle de la grande bataille réaliste (Champfleury, Flaubert), l'année 1865 marque le tournant vers le naturalisme, même si les termes « réalisme » et « naturalisme » s'emploient presque indifféremment dans les années 1860/1870.

Le naturalisme : une méthode, et non une école

Au siècle de la professionnalisation de l'écriture, les écrivains sont souvent journalistes, ce qui aiguise à la fois leur style et leur capacité d'analyse critique. Ils publient leurs récits (contes, nouvelles et romans) dans la presse, en feuilleton, avant la sortie en volume, ce qui donne un effet d'immédiateté à la réception. Ils ont souvent le culte du travail, et se pensent comme des artisans de l'écriture, à la suite de Flaubert. Dans une lettre de 1877, Maupassant écrit : « Je ne crois pas plus au naturalisme et au réalisme qu'au romantisme. Ces mots à mon sens ne signifient absolument rien et ne servent qu'à des querelles de tempéraments opposés ». Plutôt qu'une école et une doctrine nettement définies, il y a des effets de générations et des groupes.
Si Flaubert (*Madame Bovary*, *Un cœur simple*) et les frères Goncourt (*Germinie*

Le Réalisme de Champfleury Procès de *Madame Bovary* de Flaubert et des *Fleurs du mal* de Baudelaire	Préface de *Germinie Lacerteux* des Goncourt	*Thérèse Raquin* de Zola		
Second Empire (1852-1870) 1857 1865		1867 2 sept. 1870 IIIe République (1870...) 1871		
		Défaite de Sedan		Commune de Paris

10 Contextes

contexte
littéraire

Lacerteux) apparaissent comme les pères du naturalisme, c'est bien Zola qui en est le chef de file. Autour de lui, gravitent les membres du groupe de Médan (dont Maupassant et Huysmans, et, plus en marge, Mirbeau), et de grandes figures du réalisme polémique (Champfleury) ou des expérimentations littéraires, inclassables (Banville, pour la génération précédente, et Schwob, pour la suivante).

Le « cadavre du cœur humain » (Zola)

Il est difficile de définir la nouvelle naturaliste, dans ces conditions. Elle est naturaliste au sens où elle peint un âge social, non pas dans l'analyse des milieux, la mise au jour des déterminismes sociaux et

psychologiques, mais dans la saisie d'une crise. C'est par l'anecdote, la « tranche de vie », que se donne à voir le point de basculement d'une existence, la crise qui exprime intensément la difficulté de vivre dans le monde réel.

La nouvelle évoque ainsi avec une certaine brutalité les drames ordinaires et la violence des rapports sociaux, et refuse toute forme d'idéalisation du réel, en démontant les mécanismes de la mise en scène de la vie quotidienne. S'il n'y a pas véritablement de message idéologique clair dans ces nouvelles, leur portée morale est claire ; il s'agit de conquérir l'inconnu, de fouiller le cœur humain, d'analyser les relations entre les êtres, de saisir les pièges qui se referment sur l'individu pour en démonter les

			Une vie de Maupassant		*Étude sur « le roman »,* préface à *Pierre et Jean*	*La Bête humaine* de Zola	
1875	1876	1881	1883	1887-1889	1888	1890	1894
Lois constitutionnelles organisant les institutions de la IIIᵉ République	Victoire républicaine	Lois sur la liberté de la presse lois sur l'enseignement de J. Ferry		Crise boulangiste			Affaire Dreyfus

Nouvelles réalistes et naturalistes | 11

mécanismes. Cela sans excès de confiance : les nouvelles se colorent de pessimisme, loin de la foi dans le progrès issu de la science.

Une esthétique de la nouvelle

La vogue du genre court est portée par la démocratisation de la lecture et l'essor de la presse. Choix rentable pour les écrivains, la nouvelle permet aussi de nouvelles expérimentations dans l'écriture. La composition resserrée permet d'accentuer les effets du texte, jusqu'à provoquer une émotion puissante. La forme brève aggrave aussi le paradoxe de l'écriture réaliste : il s'agit à la fois d'être le plus proche possible du réel, de rendre compte de sa diversité, de ses accidents et de ses hasards, et aussi d'organiser le récit, de l'exposition jusqu'à la chute. La nouvelle est un genre plus resserré, plus maîtrisé peut-être que le roman : les stratégies narratives propres au réalisme y sont donc plus visibles (par exemple, les descriptions sont souvent lourdes de sens, les moments d'exposition sont particulièrement denses, les caractérisations des personnages rapides et très nettes...).

L'esthétique de la « tranche de vie », du « petit fait vrai », de l'anecdote révélatrice, y est donc à la fois incontournable et problématique.

Thématiques nouvelles

Mettant l'accent sur les mœurs, le réalisme prend pour objet les milieux sociaux contemporains, et en particulier les milieux bourgeois. Le naturalisme évoque de manière privilégiée les milieux populaires, ouvriers ou paysans. Le personnage évolue ainsi vers un type moyen ou médiocre, qui prend en compte la démocratisation sociale (même si le regard porté par l'auteur peut rester condescendant). Tout ce qui est d'ordinaire refoulé par la société entre dans le récit : les marginaux, les réalités du corps, la condition féminine, certains espaces urbains, la campagne profonde... Les récits réalistes et naturalistes esthétisent ainsi une réalité sociale qu'ils contribuent à faire émerger, à analyser et aussi, d'une certaine manière, à figer, en inventant de nouveaux types et de nouvelles situations destinés à faire référence. ■

« *Il ne peut y avoir de réalisme véritable que si l'on fait sa part à l'imagination, si l'on comprend que l'imaginaire est dans le réel, et que nous voyons le réel par lui.* »

Michel Butor

Lire...
Nouvelles réalistes et naturalistes

anthologie

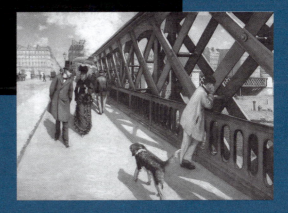

Paul Gauguin (1848-1903), *Bonjour Monsieur Gauguin* (1889),
huile sur toile (113 x 92 cm), Narodni Galerie, Prague.

CHAMPFLEURY

Les Trouvailles de M. Bretoncel
(1865)

LE CÉLÈBRE AGENT DE CHANGE BRETONCEL était un amateur de hautes curiosités. On entend par là des curiosités qui ne sont pas toujours curieuses ; mais leur prix élevé donne à croire aux gens qui s'en rendent acquéreurs que, par là, ils offrent quelque ressemblance avec les Médicis[1]. Et ainsi, entassant dans leurs salons, qui ressemblent à des boutiques de bric-à-brac, émaux, jades de Chine, armes damasquinées[2], cristaux vénitiens, ils se regardent comme des protecteurs de l'art.

Pendant l'automne, M. Bretoncel passait un mois de vacances dans une riche propriété sur les bords de l'Oise, et son temps n'était pas inoccupé. Là, comme à Paris, la manie des curiosités ne le quittait pas, il courait les environs à pied, et les objets que certainement il n'eût pas regardés à l'Hôtel des Ventes lui semblaient merveilleux lorsqu'il les trouvait en furetant. Un chasseur qui ne rapporte rien dans son carnier[3] tue un moineau de buisson, se le fait apprêter à déjeuner et le trouve meilleur qu'une bécasse. Il en est de même du collectionneur.

Un jour, l'agent de change avait ainsi battu tout le pays pour la grande fatigue de ses jambes qui demandaient grâce. Il était cinq heures du soir. M. Bretoncel rentrait mélancoliquement au logis les mains vides, lorsqu'à la porte d'un cabaret il avisa un dressoir[4] chargé de vaisselle grossière. Aussitôt voilà un homme en arrêt, regardant si quelque objet précieux ne se cache pas dans la pénombre.

1. Puissante famille florentine du XIVe au XVIIIe siècle, célèbre entre autres pour sa pratique du mécénat et l'ampleur inégalée de ses collections d'art.
2. Incrustées de filets d'or ou d'argent.
3. Sac pour mettre le gibier.
4. Vaisselier, buffet.

Nouvelles réalistes et naturalistes

Champfleury

« Entrez, Monsieur », dit la cabaretière, qui, voyant un homme fatigué, lui offre une chaise.

Au lieu de se reposer, M. Bretoncel fait le tour de la salle, jette un regard ardent sur chaque coin enfumé, et enfin s'arrête devant le manteau de la cheminée où était pendue une vieille écumoire[1].

L'agent de change la décroche, la tourne, la retourne, et regarde au jour cette passoire d'un médiocre intérêt, sauf que les trous, par une ingénieuse disposition, formaient le nom et la date de 1749.

« Combien vendriez-vous cette écumoire ? » dit-il.

La cabaretière se fait d'abord prier. L'objet vient de sa grand'mère et il lui coûte de s'en défaire ; mais comme M. Bretoncel insiste, moyennant dix francs il devient possesseur de l'écumoire qu'il étudie plus à l'aise, assis sous le manteau de la cheminée, frottant le cuivre pour lui rendre son aspect primitif.

Deux paysans étaient attablés dans le cabaret devant un pichet de cidre, causant de procès, de fermages et de récoltes.

« Qu'est-ce qu'il veut, cet homme-là ? » demande l'un d'eux à la cabaretière, qui répond qu'elle vient de céder à un chercheur de vieilleries une passoire pour une bonne somme qui lui permettra d'en acheter une neuve, avec une paire de poulets par dessus le marché.

« Si c'est ça, dit le paysan en élevant la voix de façon à se faire entendre de M. Bretoncel, j'ai à la maison une fameuse antiquité. »

Antiquité ! l'agent de change dresse les oreilles et demande au paysan de quoi il s'agit.

« Je n'en sais pas davantage. Les enfants ont trouvé l'objet dans le grenier, et je vous garantis qu'il y était depuis bel âge. »

1. Ustensile de cuisine, en forme de grande cuillère plate, percée de trous, destiné à enlever l'écume ou à retirer des aliments du liquide dans lequel ils ont cuit.

Les Trouvailles de M. Bretoncel

Grenier, longtemps, sont les seuls mots qui frappent tout amateur.

M. Bretoncel presse de questions le paysan.

« Tout ce que je peux vous dire, monsieur, c'est que ça brille, qu'il y a comme un ange doré et de l'écriture dessous. »

Brille, écriture, ange doré, s'ajoutent à grenier et long-temps, et fournissent un fonds d'inductions[2] qui peuvent mettre sur la trace d'un objet précieux.

L'agent de change se lève, promène ses inductions et, n'en tirant rien, se rassied.

« Que représente cet objet ?

– Malheureusement il n'y a pas de maître d'école dans nos contrées, sans quoi je me suis déjà dit que je lui aurais donné l'écriture à déchiffrer.

– Est-ce un tableau ?

– C'est un tableau sans l'être. Pour sûr, il y a du métal.

– Du métal ! s'écrie l'agent de change, en ouvrant de grands yeux comme pour apercevoir l'objet. Est-ce grand ?

– Ni trop grand ni trop petit.

– Enfin, de quelle taille à peu près ?

– Monsieur, sauf votre respect, comme le cul d'une casserole.

Là-dessus le paysan se lève et endosse sa carnassière.

– Vous partez déjà, mon brave homme ?

– J'ai une lieue avant d'arriver à la maison.

– Vous accepterez bien un verre de vin pour vous donner des jambes.

– Ce n'est pas de refus, monsieur.

La bouteille sur la table.

– Vous dites qu'on remarque de l'écriture et un ange ?

– Attendez… je me rappelle maintenant, l'ange joue de la musique… il souffle dans une trompette.

2. Permettant des déductions à partir d'indices particuliers.

Champfleury

– Sujet religieux, se dit l'agent de change, avec légende explicative.

Il se lève, décroche une casserole et l'apporte sur la table.

– L'objet est donc de cette taille ?

– Juste, monsieur, sauf que le dessus n'est pas plat… Il est comme bombé.

– Et sans doute creux en dessous ? reprend M. Bretoncel.

– Ma parole, vous parlez comme un sorcier. »

L'agent de change a peine à cacher son émotion. Sa respiration est oppressée, son cœur palpite, ses mains tremblent.

Il n'y a pas à en douter, il s'agit d'un émail !

Aussitôt un inventaire sommaire se fait dans le cerveau du collectionneur. L'objet gît dans un grenier, où il était caché il y a bel âge, suivant le mot du paysan. Donc il est très ancien. Il brille. Un ange sonnant de la trompette est représenté avec une légende dorée en exergue. Le métal est à la fois concave et convexe.

C'est assurément un merveilleux émail, provenant d'un ancien château ou de quelque couvent des environs. Quelle gloire de tirer de l'obscurité un admirable ouvrage de Léonard Limousin ou de Pierre Courtois[1] !

Pourtant il faut cacher toute émotion, de peur que le paysan ne s'en aperçoive. Ces gens de campagne sont si retors. M. Bretoncel est sur le point de « faire un coup » ; des palpitations l'en avertissent.

« On peut voir cet ém…! Hem ! hem ! s'écrie l'agent de change, faisant rentrer violemment la dernière syllabe dans son gosier.

– Oh ! monsieur, la vue n'en coûte rien. Vous pourrez même, le jour qu'il vous plaira, vous donner la satisfaction de voir mes mioches faire la dînette dedans.

---

1. Grands émailleurs de Limoges, au XVIᵉ siècle. Léonard Limousin fut le premier directeur de la fabrique fondée par François Iᵉʳ.

Les Trouvailles de M. Bretoncel

– Les scélérats, s'écrie M. Bretoncel.

– S'il vous plaît ?

– Comment ? Vous laissez des enfants jouer avec un tel objet ?

– Il faut bien que les mioches s'amusent.

– Mais déjà n'ont-ils pas détérioré cet ém… ? Hem ! hem !

– Il est solide ; le vernis le protège.

– Consentiriez-vous à me céder cette antiquité ? dit l'agent de change.

– Je ne dis pas non, monsieur… C'est les enfants qui y tiennent le plus.

– J'ai presque envie de vous accompagner.

– Avec plaisir, monsieur. Il n'y a qu'une lieue.

– Madame, dit l'agent de change à l'hôtesse, servez-nous trois petits verres d'eau-de-vie, de votre meilleure. »

Comme il s'agit de se mettre tout à fait dans les bonnes grâces du paysan, M. Bretoncel boit de l'eau-de-vie, non sans grimace, et trinque avec l'homme.

On se met en route ; mais, à dix pas de la porte, le paysan revient sur ses pas, sous prétexte de chercher sa pipe.

– Sans indiscrétion, la mère, dit-il à l'aubergiste, combien le bourgeois a-t-il payé l'écumoire ?

– Voilà la pièce, dit la femme en tirant de sa poche les dix francs.

– Bon ! s'écrie le paysan, qui, ayant allumé sa pipe, revient l'air indifférent vers son compagnon de route, en envoyant de grosses bouffées de fumée.

On parle des enfants. L'agent de change questionne sur leur âge, leur sexe, et comme en ce moment on passe devant l'épicier du bourg, M. Bretoncel prie l'homme de l'attendre,

Champfleury

entre dans la boutique, et en ressort quelques instants après, chargé de poupées, de polichinelles, de sacs de bonbons.

« Comme vous voilà harnaché[1], monsieur! dit le paysan. Ces joujoux-là vont vous gêner pendant la route.

– Votre petite fille m'intéresse, répond l'agent de change, et je me fais un véritable plaisir d'offrir ces jouets à vos enfants.

– Vous allez leur faire l'effet du bon Dieu, ma parole!… Les enfants de chez nous ne sont point habitués à de pareilles largesses. »

Pendant une demi-heure la conversation roule ainsi sur des matières indifférentes. M. Bretoncel affecte de ne pas parler du hasard qui, en le jetant sur la trace d'une merveille, l'a conduit par les chemins, chargé de paquets de toutes sortes. Cependant, de temps en temps, il revient à l'objet de sa recherche :

« Vous ne craignez pas de laisser manger vos enfants dans du cuivre?

– Puisque je vous dis, monsieur, que le creux est verni comme le dessus.

– C'est bien un émail », se dit l'agent de change.

Tout au loin brillent à travers les peupliers les toits d'ardoises d'un corps de ferme. Le cœur de l'agent s'épanouit.

Encore une portée de fusil, et la merveille apparaîtra à ses yeux.

« Ce n'est point là notre village, dit le paysan; nous ne sommes encore qu'au bourg où nous nous approvisionnons. »

M. Bretoncel pousse un soupir. Les paquets de poupées et de sucreries commencent à l'embarrasser, et il faut les porter à des morveux qui ont peut-être endommagé un précieux objet d'art! Mais la dissimulation est nécessaire pour arriver à la possession, et l'agent de change refoule au

1. Emploi impropre pour « chargé ».

*Les Trouvailles
de M. Bretoncel*

fond de lui la gêne qu'il éprouve. Les voyageurs traversent la place du bourg où un gros bas en soie se détache de la façade d'un magasin de cotonnades.

« C'est pourtant ici, dit le paysan, que ma femme m'avait recommandé de lui acheter une robe ; malheureusement il y a eu du tirage au marché aujourd'hui, les grains sont en baisse… ce sera pour une autre occasion. »

L'appel à la générosité du collectionneur est clair ; mais les femmes sont dures en affaires et il est bon de les amadouer.

« Si une robe peut être agréable à votre ménagère, dit M. Bretoncel, qu'à cela ne tienne. »

En même temps il entre dans la maison du Grand-Bas Bleu, et, d'un geste, désignant une étoffe à l'étalage :

« Montrez-moi cet émail, dit-il.

– Émail ? répète la marchande étonnée.

– Hem ! hem ! fait l'agent de change effrayé, regardant si son compagnon ne l'a pas entendu ; mais le paysan est assis sur le pas de la porte, rêvant au hasard qui lui a fait rencontrer une telle vache à lait. »

M. Bretoncel, l'étoffe coupée, sort avec un nouveau paquet sous le bras, en disant :

« Ah ! si mes confrères de la Bourse me voyaient en cet équipage ! »

La passoire de cuivre est accrochée à un bouton de la redingote ; les paquets de bonbons sortent à moitié des poches : les deux mains retiennent des poupées et des polichinelles, et sous le bras gauche l'agent de change porte la robe enveloppée.

Le paysan offre de le décharger de la moitié de ses paquets ; mais M. Bretoncel, par une superstition commune aux collectionneurs, n'y peut consentir. Il ne peut

Champfleury

faire aucun mouvement de bras ; sa marche est gênée. Cette gêne et cette contrainte ne sont pas sans charmes. Par là, l'amateur se souvient à chaque pas qu'il marche à la conquête d'une merveille. Si ses nerfs en souffrent, l'émail reluit d'un plus vif éclat dans le lointain.

M. Bretoncel pense au duc de Coyon-Latour qu'il a rencontré dans les rues de Paris, portant sur ses épaules un énorme buste en marbre qu'il venait d'acquérir, et il se dit que lui aussi, pour marcher sur les traces d'un collectionneur illustre, doit porter la croix[1] de la curiosité.

« C'est une chance tout de même de vous avoir rencontré, monsieur, dit le paysan. Tous les gens de la ville ne sont pas si généreux…

– Le chemin est-il encore bien long ?

– Dans une petite demi-heure.

– Mais voilà deux heures que nous marchons.

– Eh ! monsieur, je vous avais bien prévenu qu'il y avait une bonne lieue.

– Une bonne lieue ! s'écrie M. Bretoncel effrayé.

Car si une lieue de paysan en vaut deux, combien peut représenter une bonne lieue ?

– Patience, monsieur… Nous voilà bientôt au Quercy… Vous voyez le clocher ?

– Ah ! s'écrie le boursier… Ce clocher tout là-bas ?

– Après le Quercy, en forçant le pas, il n'y en a plus que pour un gros quart d'heure.

À ce mot de gros quart d'heure, M. Bretoncel manque de laisser tomber tous ses paquets sur la route.

– Heureusement, dit le paysan, nous allons trouver à la porte du Quercy une auberge où on vend du petit blanc sec comme une pierre à fusil, qui rendrait des jambes à un moribond. »

---

1. Supporter des épreuves pénibles (en référence à la Passion du Christ, qui dut porter la croix sur laquelle il fut crucifié).

Les Trouvailles
de M. Bretoncel

Grâce à un violent effort, l'agent de change arrive à l'auberge, où il jette sur la table, poupées, polichinelles, passoire et robe.

« Vous êtes en retard aujourd'hui, Sureau, dit la cabaretière au paysan... La nuit va vous surprendre avant d'arriver.

– Nous avons causé avec monsieur, dit Sureau.

– Décidément, dit M. Bretoncel, éclatant, combien faut-il de temps pour arriver chez vous ?   250

– En traversant le Quercy dans toute sa longueur, nous serions chez nous pour le souper ; mais je dois vous dire.

Sureau se grattait le front.

– Parlez.

– C'est que je suis obligé de faire un détour dans les terres.

– Dans les terres.

– Sans doute le pavé est préférable ; mais, au milieu du village, il y a la maison d'un guerdin[2] de juge de paix, qui me donne des tremblements de colère quand je passe devant... Certainement ce chemin-là raccourcirait la route de vingt   260 bonnes minutes...

– Il faut le prendre, s'écrie M. Bretoncel ; partons.

Et il endosse ses paquets.

– Mais si le guerdin de juge est devant sa porte, je ne réponds pas de moi... Il arrivera un malheur que vous vous reprocherez toute votre vie.

– De quoi s'agit-il ?

– Pour vous dire la vérité, monsieur, voilà ce que c'est en quatre mots. J'étais en retard d'une petite amende de dix-huit francs... Croiriez-vous que le guerdin m'a déjà couché   270 sur son livre pour six francs cinq sous de frais, quoique j'aie raison. On est un homme, ou on ne l'est pas... Je ne peux pas

2. Forme populaire de « gredin ».

Nouvelles réalistes et naturalistes 23

Champfleury

voir le guerdin en peinture… Et voilà pourquoi je fais une demi-lieue de plus tous les soirs pour ne pas le rencontrer.
– Une demi-lieue de plus ! dit M. Bretoncel. Allez payer vite, mon brave… Tenez, voilà quarante francs. »

Pendant que le paysan entre chez le juge de paix :

« Émail ! Émail ! Émail ! » s'écrie l'agent de change à plusieurs reprises.

Comme un ivrogne qui se gorge de vin à un tonneau pendant l'absence des propriétaires, M. Bretoncel prononce, le plus souvent qu'il le peut, le mot qui ne doit plus sortir de sa bouche jusqu'à la conclusion du marché.

« J'ai payé ! s'écrie le paysan, qui revient radieux de la justice de paix ; mais je me suis donné le plaisir de dire au guerdin ce que je pense… voilà le papier acquitté. Ah ! les frais de justice, ça court plus vite qu'un lièvre. »

Si le paysan montre la facture, il ne montre pas la monnaie de la pièce de quarante francs ; mais M. Bretoncel se dit qu'il tient la femme, le mari, les enfants, et qu'il n'y a plus à revenir sur le marché.

La dernière traite[1] est dure. La nuit vient petit à petit. M. Bretoncel tire sa jambe ; une dernière fois il appelle à son aide le mirage de l'émail. Enfin, mourant de faim et de fatigue, l'agent de change arrive à la maison du paysan.

« Hé ! femme, où es-tu ? Voilà une robe qu'un monsieur t'apporte en cadeau. »

Une grande femme maigre ose à peine jeter un regard sur l'étoffe qui lui semble plus brillante que tous les tissus de l'Inde.

« Eh bien, tu ne dis rien… Remercie donc monsieur et donne-lui donc un banc… Il est un peu fatigué.
– Ce n'est pas la peine… Voyons cet… hem ! hem ! l'objet en question.

1. Partie du trajet. Jeu de mots : la traite correspond aussi au paiement que devra encore faire M. Bretoncel (paiement purement physique, celui-ci, et aussi moral : c'est le coût de la désillusion).

Les Trouvailles
de M. Bretoncel

– Ah ! c'est juste… Où est-il ?…. Les mioches auront emporté l'écuelle dans le clos. Ma femme, va donc chercher l'antiquité avec quoi les enfants s'amusent… Monsieur est venu de la ville pour voir…

La femme reste clouée contre le mur.

– C'est que, dit-elle, je l'ai donnée aux bêtes.

– Un émail aux bêtes ! s'écrie M. Bretoncel, perdant tout son sang-froid.

– Ne trouvant plus la terrine des cochons, dit la femme, je leur ai taillé des pommes de terre dans l'écuelle.

– Mais ils auront altéré l'émail avec leur groin ! s'écrie M. Bretoncel.

La fermière semble interdite[2].

– Allume le crasset[3], femme, qu'on aille voir à l'étable. »

La porte de l'étable est ouverte. Les cochons poussent des grognements. Le paysan les bourre de coups pour les écarter de leur plâtrée[4].

« Voilà l'antiquité, dit l'homme après avoir jeté les rondelles de pommes de terre qui l'emplissent.

– Ça ! » s'écrie l'agent de change avec un cri de stupéfaction. L'émail tant convoité est une plaque d'assurance !

Vernie, dorée, avec une Renommée[5] dorée, des lettres au-dessous, bombée extérieurement, creuse intérieurement. Tous les caractères dont M. Bretoncel avait inféré qu'il s'agissait d'un émail sorti des fabriques de Limoges !

C'est en de telles circonstances que les amateurs reviennent au logis l'oreille basse, l'œil morne, honteux, brisés de fatigue, sans illusions pour oublier la longueur de la route.

Et c'est ainsi que revint M. Bretoncel, regrettant ses cadeaux et ses largesses.

2. Muette de stupéfaction.
3. Lampe à huile.
4. Nourriture.
5. Allégorie de la reconnaissance publique ou sociale, souvent représentée sous les traits d'une femme ailée soufflant dans une trompe.

Nouvelles réalistes et naturalistes

ÉMILE ZOLA

Le Chômage
(1874)

I

LE MATIN, QUAND LES OUVRIERS ARRIVENT À L'ATELIER, ils le trouvent froid, comme noir d'une tristesse de ruine. Au fond de la grande salle, la machine est muette, avec ses bras maigres, ses roues immobiles ; et elle met là une mélancolie de plus, elle dont le souffle et le branle animent toute la maison, d'ordinaire, du battement d'un cœur de géant, rude à la besogne.

Le patron descend de son petit cabinet. Il dit d'un air triste aux ouvriers :

« Mes enfants, il n'y a pas de travail aujourd'hui… Les commandes n'arrivent plus ; de tous les côtés, je reçois des contrordres, je vais rester avec de la marchandise sur les bras. Ce mois de décembre, sur lequel je comptais, ce mois de gros travail, les autres années, menace de ruiner les maisons les plus solides… Il faut tout suspendre.

Et comme il voit les ouvriers se regarder entre eux avec la peur du retour au logis, la peur de la faim du lendemain, il ajoute d'un ton plus bas :

« Je ne suis pas égoïste, non, je vous le jure… Ma situation est aussi terrible, plus terrible peut-être que la vôtre. En huit jours, j'ai perdu cinquante mille francs. J'arrête le travail aujourd'hui, pour ne pas creuser le gouffre davantage ; et je n'ai pas le premier sou de mes échéances du 15… Vous

La machine vivante

Souvent, chez Zola, la machine permet de penser métaphoriquement le dynamisme du vivant ; elle devient même une allégorie de l'histoire, ou de la société (qui peut se détraquer, qui s'emballe, etc.). Ici, la machine n'est pas monstrueuse (comme la locomotive de la *Bête humaine*), mais son silence est signe de mort. ∎

Le Chômage

voyez, je vous parle en ami, je ne vous cache rien. Demain, peut-être, les huissiers seront ici. Ce n'est pas notre faute, n'est-ce pas ? Nous avons lutté jusqu'au bout. J'aurais voulu vous aider à passer ce mauvais moment ; mais c'est fini, je suis à terre ; je n'ai plus de pain à partager. »

Alors, il leur tend la main. Les ouvriers la lui serrent silencieusement.

Et, pendant quelques minutes, ils restent là, à regarder leurs outils inutiles, les poings serrés. Les autres matins, dès le jour, les limes chantaient, les marteaux marquaient le rythme ; et tout cela semble déjà dormir dans la poussière de la faillite. C'est vingt, c'est trente familles qui ne mangeront pas la semaine suivante. Quelques femmes qui travaillaient dans la fabrique ont des larmes au bord des yeux. Les hommes veulent paraître plus fermes. Ils font les braves, ils disent qu'on ne meurt pas de faim dans Paris.

Puis, quand le patron les quitte, et qu'ils le voient s'en aller, voûté en huit jours, écrasé peut-être par un désastre plus grand encore qu'il ne l'avoue, ils se retirent un à un, étouffant dans la salle, la gorge serrée, le froid au cœur, comme s'ils sortaient de la chambre d'un mort. Le mort, c'est le travail, c'est la grande machine muette, dont le squelette est sinistre dans l'ombre.

II

L'ouvrier est dehors, dans la rue, sur le pavé. Il a battu les trottoirs pendant huit jours, sans pouvoir trouver du travail. Il est allé de porte en porte, offrant ses bras, offrant ses mains, s'offrant tout entier à n'importe quelle besogne, à la plus rebutante, à la plus dure, à la plus mortelle. Toutes les portes se sont refermées.

Alors, l'ouvrier a offert de travailler à moitié prix. Les portes ne se sont pas rouvertes. Il travaillerait pour rien qu'on ne pourrait le garder. C'est le chômage, le terrible chômage qui sonne le glas des mansardes. La panique a arrêté toutes les industries, et l'argent, l'argent lâche s'est caché.

Au bout des huit jours, c'est bien fini. L'ouvrier a fait une suprême tentative, et il revient lentement, les mains vides, éreinté de misère. La pluie tombe ; ce soir-là, Paris est funèbre dans la boue. Il marche sous l'averse, sans la sentir, n'entendant que sa faim, s'arrêtant pour arriver moins vite. Il s'est penché sur un parapet de la Seine ; les eaux grossies coulent avec un long bruit ; des rejaillissements d'écume blanche se déchirent à une pile du pont. Il se penche davantage, la coulée colossale passe sous lui, en lui jetant un appel furieux. Puis, il se dit que ce serait lâche, et il s'en va.

La pluie a cessé. Le gaz flamboie aux vitrines des bijoutiers. S'il crevait une vitre, il prendrait d'une poignée du pain pour des années. Les cuisines des restaurants s'allument ; et, derrière les rideaux de mousseline blanche, il aperçoit des gens qui mangent. Il hâte le pas, il remonte au faubourg, le long des rôtisseries, des charcuteries, des pâtisseries, de tout le Paris gourmand qui s'étale aux heures de la faim.

Comme la femme et la petite fille pleuraient, le matin, il leur a promis du pain pour le soir.

Il n'a pas osé venir leur dire qu'il avait menti, avant la nuit tombée. Tout en marchant, il se demande comment il

Le Chômage

entrera, ce qu'il racontera, pour leur faire prendre patience. Ils ne peuvent pourtant rester plus longtemps sans manger. Lui, essayerait bien, mais la femme et la petite sont trop chétives.

Et, un instant, il a l'idée de mendier. Mais quand une dame ou un monsieur passent à côté de lui, et qu'il songe à tendre la main, son bras se raidit, sa gorge se serre. Il reste planté sur le trottoir, tandis que les gens comme il faut se détournent, le croyant ivre, à voir son masque farouche d'affamé.

III

La femme de l'ouvrier est descendue sur le seuil de la porte, laissant en haut la petite endormie. La femme est toute maigre, avec une robe d'indienne. Elle grelotte dans les souffles glacés de la rue.

Elle n'a plus rien au logis ; elle a tout porté au Mont-de-Piété. Huit jours sans travail suffisent pour vider la maison. La veille, elle a vendu chez un fripier la dernière poignée de laine de son matelas ; le matelas s'en est allé ainsi ; maintenant, il ne reste que la toile. Elle l'a accrochée devant la fenêtre pour empêcher l'air d'entrer, car la petite tousse beaucoup.

Sans le dire à son mari, elle a cherché de son côté. Mais le chômage a frappé plus rudement les femmes que les hommes. Sur son palier, il y a des malheureuses qu'elle entend sangloter pendant la nuit. Elle en a rencontré une tout debout au coin d'un trottoir ; une autre est morte ; une autre a disparu.

Émile Zola

Elle, heureusement, a un bon homme, un mari qui ne boit pas. Ils seraient à l'aise, si des mortes saisons ne les avaient dépouillés de tout. Elle a épuisé les crédits : elle doit au boulanger, à l'épicier, à la fruitière, et elle n'ose plus même passer devant les boutiques. L'après-midi, elle est allée chez sa sœur pour emprunter vingt sous ; mais elle a trouvé, là aussi, une telle misère qu'elle s'est mise à pleurer, sans rien dire, et que toutes deux, sa sœur et elle, ont pleuré longtemps ensemble. Puis, en s'en allant, elle a promis d'apporter un morceau de pain, si son mari rentrait avec quelque chose.

Le mari ne rentre pas. La pluie tombe, elle se réfugie sous la porte ; de grosses gouttes clapotent à ses pieds, une poussière d'eau pénètre sa mince robe.

Par moments, l'impatience la prend, elle sort, malgré l'averse, elle va jusqu'au bout de la rue, pour voir si elle n'aperçoit pas celui qu'elle attend, au loin, sur la chaussée. Et quand elle revient, elle est trempée ; elle passe ses mains sur ses cheveux pour les essuyer ; elle patiente encore, secouée par de courts frissons de fièvre.

Le va-et-vient des passants la coudoie. Elle se fait toute petite pour ne gêner personne. Des hommes la regardent en face ; elle sent, par moments, des haleines chaudes qui lui effleurent le cou. Tout le Paris suspect, la rue avec sa boue, ses clartés crues, ses roulements de voiture, semble vouloir la prendre et la jeter au ruisseau[1]. Elle a faim, elle est à tout le monde. En face, il y a un boulanger, et elle pense à la petite qui dort, en haut.

Puis, quand le mari se montre enfin, filant comme un misérable le long des maisons, elle se précipite, elle le regarde anxieusement.

« Eh bien ! » balbutie-t-elle.

1. Image riche de connotations, au XIXᵉ siècle, à prendre au sens le plus fort : chute sociale, dégradation morale, suggérant la prostitution la plus misérable.

Lui, ne répond pas, baisse la tête. Alors, elle monte la première, pâle comme une morte.

IV

En haut, la petite ne dort pas. Elle s'est réveillée, elle songe, en face du bout de chandelle qui agonise sur un coin de la table. Et on ne sait quoi de monstrueux et de navrant passe sur la face de cette gamine de sept ans, aux traits flétris et sérieux de femme faite.

Elle est assise sur le bord du coffre qui lui sert de couche. Ses pieds nus pendent, grelottants ; ses mains de poupée maladive ramènent contre sa poitrine les chiffons qui la couvrent. Elle sent là une brûlure, un feu qu'elle voudrait éteindre. Elle songe.

Elle n'a jamais eu de jouets. Elle ne peut aller à l'école, parce qu'elle n'a pas de souliers. Plus petite, elle se rappelle que sa mère la menait au soleil. Mais cela est loin ; il a fallu déménager ; et, depuis ce temps, il lui semble qu'un grand froid a soufflé dans la maison. Alors, elle n'a plus été contente ; toujours elle a eu faim.

C'est une chose profonde dans laquelle elle descend, sans pouvoir la comprendre. Tout le monde a donc faim ? Elle a pourtant tâché de s'habituer à cela, et elle n'a pas pu. Elle pense qu'elle est trop petite, qu'il faut être grande pour savoir. Sa mère sait, sans doute, cette chose qu'on cache aux enfants. Si elle osait, elle lui demanderait qui vous met ainsi au monde pour que vous ayez faim.

Puis, c'est si laid, chez eux ! Elle regarde la fenêtre où bat la toile du matelas, les murs nus, les meubles éclopés,

Émile Zola

toute cette honte du grenier que le chômage salit de son désespoir. Dans son ignorance, elle croit avoir rêvé des chambres tièdes avec de beaux objets qui luisaient ; elle ferme les yeux pour revoir cela ; et, à travers ses paupières amincies, la lueur de la chandelle devient un grand resplendissement d'or dans lequel elle voudrait entrer.

Mais le vent souffle, il vient un tel courant d'air par la fenêtre qu'elle est prise d'un accès de toux. Elle a des larmes plein les yeux.

Autrefois, elle avait peur, lorsqu'on la laissait toute seule ; maintenant, elle ne sait plus, ça lui est égal. Comme on n'a pas mangé depuis la veille, elle pense que sa mère est descendue chercher du pain. Alors, cette idée l'amuse. Elle taillera son pain en tout petits morceaux ; elle les prendra lentement, un à un. Elle jouera avec son pain.

La mère est rentrée ; le père a fermé la porte. La petite leur regarde les mains à tous deux, très surprise. Et, comme ils ne disent rien, au bout d'un bon moment, elle répète sur un ton chantant :

« J'ai faim, j'ai faim. »

Le père s'est pris la tête entre les poings, dans un coin d'ombre ; il reste là, écrasé, les épaules secouées par de rudes sanglots silencieux. La mère, étouffant ses larmes, est venue recoucher la petite. Elle la couvre avec toutes les hardes du logis, elle lui dit d'être sage, de dormir. Mais l'enfant, dont le froid fait claquer les dents, et qui sent le feu de sa poitrine la brûler plus fort, devient très hardie. Elle se pend au cou de sa mère ; puis, doucement :

« Dis, maman, demande-t-elle, pourquoi donc avons-nous faim ? »

GUY DE MAUPASSANT

Miss Harriet
(1883)

À Madame…

NOUS ÉTIONS SEPT DANS LE BREAK[1], quatre femmes et trois hommes, dont un sur le siège à côté du cocher, et nous montions, au pas des chevaux, la grande côte où serpentait la route.

Partis d'Étretat dès l'aurore, pour aller visiter les ruines de Tancarville, nous somnolions encore, engourdis dans l'air frais du matin. Les femmes surtout, peu accoutumées à ces réveils de chasseurs, laissaient à tout moment retomber leurs paupières, penchaient la tête ou bien bâillaient, insensibles à l'émotion du jour levant.

C'était l'automne. Des deux côtés du chemin les champs dénudés s'étendaient, jaunis par le pied court des avoines et des blés fauchés qui couvraient le sol comme une barbe mal rasée. La terre embrumée semblait fumer. Des alouettes chantaient en l'air, d'autres oiseaux pépiaient dans les buissons.

Le soleil enfin se leva devant nous, tout rouge au bord de l'horizon ; et, à mesure qu'il montait, plus clair de minute en minute, la campagne paraissait s'éveiller, sourire, se secouer et ôter, comme une fille qui sort du lit, sa chemise de vapeurs blanches.

Le comte d'Étraille, assis sur le siège, cria : « Tenez, un lièvre », et il étendait le bras vers la gauche, indiquant une pièce de trèfle. L'animal filait, presque caché par ce champ,

1. Grande voiture rustique tirée par quatre chevaux.

Guy de Maupassant

montrant seulement ses grandes oreilles ; puis il détala à travers un labouré[1], s'arrêta, repartit d'une course folle, changea de direction, s'arrêta de nouveau, inquiet, épiant tout danger, indécis sur la route à prendre ; puis il se remit à courir avec de grands sauts de l'arrière-train, et il disparut dans un large carré de betteraves. Tous les hommes s'éveillèrent, suivant la marche de la bête.

Lemanoir prononça : « Nous ne sommes pas galants, ce matin », et regardant sa voisine, la petite baronne de Sérennes, qui luttait contre le sommeil, il lui dit à mi-voix : « Vous pensez à votre mari, baronne. Rassurez-vous, il ne revient que samedi. Vous avez encore quatre jours. »

Elle répondit avec un sourire endormi : « Que vous êtes bête ! » Puis, secouant sa torpeur, elle ajouta : « Voyons, dites-nous quelque chose pour nous faire rire. Vous, monsieur Chenal, qui passez pour avoir eu plus de bonnes fortunes que le duc de Richelieu, racontez une histoire d'amour qui vous soit arrivée, ce que vous voudrez. »

Léon Chenal, un vieux peintre qui avait été très beau, très fort, très fier de son physique, et très aimé, prit dans sa main sa longue barbe blanche et sourit, puis, après quelques moments de réflexion, il devint grave tout à coup.

« Ce ne sera pas gai, mesdames ; je vais vous raconter le plus lamentable amour de ma vie. Je souhaite à mes amis de n'en point inspirer de semblable. »

I

J'avais alors vingt-cinq ans et je faisais le rapin[2] le long des côtes normandes.

Le récit enchâssé

Beaucoup de nouvelles de Maupassant sont construites sur le modèle d'un récit cadre, mettant en place un décor figé et quelques personnages, dont l'un se met à raconter une histoire, pour expliquer son comportement ou simplement distraire ses compagnons. Ce récit enchâssé se colore de la voix propre de son narrateur, et résonne ainsi des émotions de celui qui s'y confie, comme de son auditoire. ■

---

1. Champ labouré.
2. Peintre (*péjoratif*).

Miss Harriet

J'appelle « faire le rapin », ce vagabondage sac au dos, d'auberge en auberge, sous prétexte d'études et de paysages sur nature. Je ne sais rien de meilleur que cette vie errante, au hasard. On est libre, sans entraves d'aucune sorte, sans soucis, sans préoccupations, sans penser même au lendemain. On va par le chemin qui vous plaît, sans autre guide que sa fantaisie, sans autre conseiller que le plaisir des yeux. On s'arrête parce qu'un ruisseau vous a séduit, parce qu'on sentait bon les pommes de terre frites devant la porte d'un hôtelier. Parfois c'est un parfum de clématite qui a décidé votre choix, ou l'œillade naïve d'une fille d'auberge. N'ayez point de mépris pour ces rustiques tendresses. Elles ont une âme et des sens aussi, ces filles, et des joues fermes et des lèvres fraîches ; et leur baiser violent est fort savoureux comme un fruit sauvage. L'amour a toujours du prix, d'où qu'il vienne. Un cœur qui bat quand vous paraissez, un œil qui pleure quand vous partez, sont des choses si rares, si douces, si précieuses, qu'il ne les faut jamais mépriser.

J'ai connu les rendez-vous dans les fossés pleins de primevères, derrière l'étable où dorment les vaches, et sur la paille des greniers encore tièdes de la chaleur du jour. J'ai des souvenirs de grosse toile grise sur des chairs élastiques et rudes, et des regrets de naïves et franches caresses, plus délicates en leur brutalité sincère, que les subtils plaisirs obtenus de femmes charmantes et distinguées.

Mais ce qu'on aime surtout dans ces courses à l'aventure, c'est la campagne, les bois, les levers de soleil, les crépuscules, les clairs de lune. Ce sont, pour les peintres, des voyages de noces avec la terre. On est seul tout près d'elle dans ce long rendez-vous tranquille. On se couche dans une prairie, au milieu des marguerites et des coquelicots, et, les

Guy de Maupassant

yeux ouverts, sous une claire tombée de soleil, on regarde au loin le petit village avec son clocher pointu qui sonne midi.

On s'assied au bord d'une source qui sort au pied d'un chêne, au milieu d'une chevelure d'herbes frêles, hautes, luisantes de vie. On s'agenouille, on se penche, on boit cette eau froide et transparente qui vous mouille la moustache et le nez, on la boit avec un plaisir physique, comme si on baisait la source, lèvre à lèvre. Parfois, quand on rencontre un trou, le long de ces minces cours d'eau, on s'y plonge, tout nu, et on sent sur sa peau, de la tête aux pieds, comme une caresse glacée et délicieuse, le frémissement du courant vif et léger.

On est gai sur la colline, mélancolique au bord des étangs, exalté lorsque le soleil se noie dans un océan de nuages sanglants et qu'il jette aux rivières des reflets rouges. Et, le soir, sous la lune qui passe au fond du ciel, on songe à mille choses singulières qui ne vous viendraient point à l'esprit sous la brûlante clarté du jour.

Donc, en errant ainsi par ce pays même où nous sommes cette année, j'arrivai un soir au petit village de Bénouville, sur la Falaise, entre Yport et Étretat. Je venais de Fécamp en suivant la côte, la haute côte droite comme une muraille, avec ses saillies de rochers crayeux tombant à pic dans la mer. J'avais marché depuis le matin sur ce gazon ras, fin et souple comme un tapis, qui pousse au bord de l'abîme sous le vent salé du large. Et, chantant à plein gosier, allant à grands pas, regardant tantôt la fuite lente et arrondie d'une mouette promenant sur le ciel bleu la courbe blanche de ses ailes, tantôt, sur la mer verte, la voile brune d'une barque de pêche, j'avais passé un jour heureux d'insouciance et de liberté.

Miss Harriet

On m'indiqua une petite ferme où on logeait des voyageurs, sorte d'auberge tenue par une paysanne au milieu d'une cour normande entourée d'un double rang de hêtres.

Quittant la falaise, je gagnai donc le hameau enfermé dans ses grands arbres et je me présentai chez la mère Lecacheur.

C'était une vieille campagnarde, ridée, sévère, qui semblait toujours recevoir les pratiques[1] à contrecœur, avec une sorte de méfiance.

Nous étions en mai ; les pommiers épanouis couvraient la cour d'un toit de fleurs parfumées, semaient incessamment une pluie tournoyante de folioles[2] roses qui tombaient sans fin sur les gens et sur l'herbe.

Je demandai : « Eh bien ! madame Lecacheur, avez-vous une chambre pour moi ? »

Étonnée de voir que je savais son nom, elle répondit :

« C'est selon, tout est loué. On pourrait voir tout de même. »

En cinq minutes nous fûmes d'accord, et je déposai mon sac sur le sol de terre d'une pièce rustique, meublée d'un lit, de deux chaises, d'une table et d'une cuvette. Elle donnait dans la cuisine, grande, enfumée, où les pensionnaires prenaient leurs repas avec les gens de la ferme et la patronne, qui était veuve. Je me lavai les mains, puis je ressortis. La vieille faisait fricasser un poulet pour le dîner dans sa large cheminée où pendait la crémaillère noire de fumée.

« Vous avez donc des voyageurs en ce moment ? » lui dis-je.

Elle répondit, de son air mécontent : « J'ons eune dame, eune Anglaise d'âge[3]. Alle occupe l'autre chambre. »

J'obtins, moyennant une augmentation de cinq sols par jour, le droit de manger seul dans la cour quand il ferait beau.

1. Les clients (ses hôtes, donc).
2. Partie d'une feuille composée.
3. Euphémisme pour : « D'âge mûr ».

Nouvelles réalistes et naturalistes 37

Guy de Maupassant

On mit donc mon couvert devant la porte, et je commençai à dépecer à coups de dents les membres maigres de la poule normande en buvant du cidre clair et en mâchant du gros pain blanc, vieux de quatre jours, mais excellent.

Tout à coup la barrière de bois qui donnait sur le chemin s'ouvrit, et une étrange personne se dirigea vers la maison. Elle était très maigre, très grande, tellement serrée dans un châle écossais à carreaux rouges, qu'on l'eût crue privée de bras si on n'avait vu une longue main paraître à la hauteur des hanches, tenant une ombrelle blanche de touriste. Sa figure de momie, encadrée de boudins de cheveux gris roulés, qui sautillaient à chacun de ses pas, me fit penser, je ne sais pourquoi, à un hareng saur qui aurait porté des papillotes. Elle passa devant moi vivement, en baissant les yeux, et s'enfonça dans la chaumière.

Cette singulière apparition m'égaya ; c'était ma voisine assurément, l'Anglaise d'âge dont avait parlé notre hôtesse.

Je ne la revis pas ce jour-là. Le lendemain, comme je m'étais installé pour peindre au fond de ce vallon charmant que vous connaissez et qui descend jusqu'à Étretat, j'aperçus, en levant les yeux tout à coup, quelque chose de singulier dressé sur la crête du coteau ; on eût dit un mât pavoisé[1]. C'était elle. En me voyant elle disparut.

Je rentrai à midi pour déjeuner et je pris place à la table commune, afin de faire connaissance avec cette vieille originale. Mais elle ne répondit pas à mes politesses, insensible même à mes petits soins. Je lui versais de l'eau avec obstination, je lui passais les plats avec empressement. Un léger mouvement de tête, presque imperceptible, et un mot anglais murmuré si bas que je ne l'entendis point, étaient ses seuls remerciements.

1. Garni d'un pavillon, d'un drapeau.

Miss Harriet

Je cessai de m'occuper d'elle, bien qu'elle inquiétât ma pensée.

Au bout de trois jours j'en savais sur elle aussi long que Mme Lecacheur elle-même.

Elle s'appelait Miss Harriet. Cherchant un village perdu pour y passer l'été, elle s'était arrêtée à Bénouville, six semaines auparavant et ne semblait point disposée à s'en aller. Elle ne parlait jamais à table, mangeait vite, tout en lisant un petit livre de propagande protestante. Elle en distribuait à tout le monde, de ces livres. Le curé lui-même en avait reçu quatre apportés par un gamin moyennant deux sous de commission. Elle disait quelquefois à notre hôtesse, tout à coup, sans que rien préparât cette déclaration : « Je aimé le Seigneur plus que tout ; je le admiré dans toute son création, je le adoré dans toute son nature, je le pôrté toujours dans mon cœur. » Et elle remettait aussitôt à la paysanne interdite une de ses brochures destinées à convertir l'univers.

Dans le village on ne l'aimait point. L'instituteur ayant déclaré : « C'est une athée », une sorte de réprobation pesait sur elle. Le curé, consulté par Mme Lecacheur, répondit : « C'est une hérétique, mais Dieu ne veut pas la mort du pécheur, et je la crois une personne d'une moralité parfaite. »

Ces mots « Athée – Hérétique » dont on ignorait le sens précis, jetaient des doutes dans les esprits. On prétendait en outre que l'Anglaise était riche et qu'elle avait passé sa vie à voyager dans tous les pays du monde, parce que sa famille l'avait chassée. Pourquoi sa famille l'avait-elle chassée ? À cause de son impiété, naturellement.

C'était, en vérité, une de ces exaltées à principes, une de ces puritaines opiniâtres comme l'Angleterre en produit

Guy de Maupassant

tant, une de ces vieilles et bonnes filles insupportables qui hantent toutes les tables d'hôte de l'Europe, gâtent l'Italie, empoisonnent la Suisse, rendent inhabitables les villes charmantes de la Méditerranée, apportent partout leurs manies bizarres, leurs mœurs de vestales[1] pétrifiées, leurs toilettes indescriptibles et une certaine odeur de caoutchouc qui ferait croire qu'on les glisse, la nuit, dans un étui.

Quand j'en apercevais une dans un hôtel, je me sauvais comme les oiseaux qui voient un mannequin dans un champ.

Celle-là cependant me paraissait tellement singulière qu'elle ne me déplaisait point.

Mme Lecacheur, hostile par instinct à tout ce qui n'était pas paysan, sentait en son esprit borné une sorte de haine pour les allures extatiques[2] de la vieille fille. Elle avait trouvé un terme pour la qualifier, un terme méprisant assurément, venu je ne sais comment sur ses lèvres, appelé par je ne sais quel confus et mystérieux travail d'esprit. Elle disait : « C'est une démoniaque. » Et ce mot, collé sur cet être austère et sentimental, me semblait d'un irrésistible comique. Je ne l'appelais plus moi-même que « la démoniaque », éprouvant un plaisir drôle à prononcer tout haut ces syllabes en l'apercevant.

Je demandais à la mère Lecacheur : « Eh bien ! qu'est-ce que fait notre démoniaque aujourd'hui ? »

Et la paysanne répondait d'un air scandalisé :

« Croiriez-vous, monsieur, qu'all'a ramassé un crapaud dont on avait pilé la patte, et qu'all'l'a porté dans sa chambre, et qu'all'l'a mis dans sa cuvette et qu'all'y met un pansage comme à un homme. Si c'est pas une profanation ! »

Une autre fois, en se promenant au pied de la falaise, elle avait acheté un gros poisson qu'on venait de pêcher,

---

1. Prêtresses de Rome, gardiennes du foyer public du temple de Vesta, vouées à la chasteté et incarnations ostensibles de la pureté.

2. Toujours proches de l'extase, au sens mystique du terme.

rien que pour le rejeter à la mer. Et le matelot, bien que payé largement, l'avait injuriée à profusion, plus exaspéré que si elle lui eût pris son argent dans sa poche. Après un mois il ne pouvait encore parler de cela sans se mettre en fureur et sans crier des outrages. Oh, oui ! c'était bien une démoniaque, miss Harriet, la mère Lecacheur avait eu une inspiration de génie en la baptisant ainsi.

Le garçon d'écurie, qu'on appelait Sapeur[3] parce qu'il avait servi en Afrique dans son jeune temps, nourrissait d'autres opinions. Il disait d'un air malin : « Ça est une ancienne qu'a fait son temps[4]. »

Si la pauvre fille avait su ?

La petite bonne Céleste ne la servait pas volontiers, sans que j'eusse pu comprendre pourquoi. Peut-être uniquement parce qu'elle était étrangère, d'une autre race, d'une autre langue, et d'une autre religion. C'était une démoniaque enfin !

Elle passait son temps à errer par la campagne, cherchant et adorant Dieu dans la nature. Je la trouvai, un soir, à genoux dans un buisson. Ayant distingué quelque chose de rouge à travers les feuilles, j'écartai les branches, et miss Harriet se dressa, confuse d'avoir été vue ainsi, fixant sur moi des yeux effarés comme ceux des chats-huants surpris en plein jour.

Parfois, quand je travaillais dans les rochers, je l'apercevais tout à coup sur le bord de la falaise, pareille à un signal de sémaphore[5]. Elle regardait passionnément la vaste mer dorée de lumière et le grand ciel empourpré de feu. Parfois je la distinguais au fond d'un vallon, marchant vite, de son pas élastique d'Anglaise ; et j'allais vers elle, attiré je ne sais par quoi, uniquement pour voir son visage d'illuminée, son visage sec, indicible, content d'une joie intérieure et profonde.

3. Soldat appartenant au génie, chargé du creusement des sapes (mines et autres galeries).

4. Une ancienne prostituée, ou fille de mœurs légères.

5. Poste de guet situé sur la côte, qui communique avec les bateaux par des signaux optiques.

Guy de Maupassant

Souvent aussi je la rencontrais au coin d'une ferme, assise sur l'herbe, sous l'ombre d'un pommier, avec son petit livre biblique ouvert sur les genoux, et le regard flottant au loin.

Car je ne m'en allais plus, attaché dans ce pays calme par mille liens d'amour pour ses larges et doux paysages. J'étais bien dans cette ferme ignorée, loin de tout, près de la terre, de la bonne, saine, belle et verte terre que nous engraisserons nous-mêmes de notre corps, un jour. Et peut-être, faut-il l'avouer, un rien de curiosité aussi me retenait chez la mère Lecacheur. J'aurais voulu connaître un peu cette étrange miss Harriet et savoir ce qui se passe dans les âmes solitaires de ces vieilles Anglaises errantes.

II

Nous fîmes connaissance assez singulièrement. Je venais d'achever une étude qui me paraissait crâne[1], et qui l'était. Elle fut vendue dix mille francs quinze ans plus tard. C'était plus simple d'ailleurs que deux et deux font quatre et en dehors des règles académiques. Tout le côté droit de ma toile représentait une roche, une énorme roche à verrues, couverte de varechs bruns, jaunes et rouges, sur qui le soleil coulait comme de l'huile. La lumière, sans qu'on vît l'astre caché derrière moi, tombait sur la pierre et la dorait de feu. C'était ça. Un premier plan étourdissant de clarté, enflammé, superbe.

À gauche la mer, pas la mer bleue, la mer d'ardoise, mais la mer jade, verdâtre, laiteuse et dure aussi sous le ciel foncé.

J'étais tellement content de mon travail que je dansais en le rapportant à l'auberge. J'aurais voulu que le monde

1. Audacieuse, risquée *(familier)*.

Miss Harriet

entier le vît tout de suite. Je me rappelle que je le montrai à une vache au bord du sentier, en lui criant :

« Regarde ça, ma vieille. Tu n'en verras pas souvent de pareilles. »

En arrivant devant la maison, j'appelai aussitôt la mère Lecacheur en braillant à tue-tête :

« Ohé ! ohé ! La patronne, amenez-vous et pigez-moi ça. »

La paysanne arriva et considéra mon œuvre de son œil stupide qui ne distinguait rien, qui ne voyait même pas si cela représentait un bœuf ou une maison.

Miss Harriet rentrait, et elle passait derrière moi juste au moment où, tenant ma toile à bout de bras, je la montrais à l'aubergiste. La démoniaque ne put pas ne pas la voir, car j'avais soin de présenter la chose de telle sorte qu'elle n'échappât point à son œil. Elle s'arrêta net, saisie, stupéfaite. C'était sa roche, paraît-il, celle où elle grimpait pour rêver à son aise.

Elle murmura un « Aoh ! » britannique si accentué et si flatteur, que je me retournai vers elle en souriant ; et je lui dis :

« C'est ma dernière étude, mademoiselle. »

Elle murmura, extasiée, comique et attendrissante :

« Oh ! monsieur, vô comprené le nature d'une fàçon palpitante. »

Je rougis, ma foi, plus ému par ce compliment que s'il fût venu d'une reine. J'étais séduit, conquis, vaincu. Je l'aurais embrassée, parole d'honneur !

Je m'assis à table à côté d'elle, comme toujours. Pour la première fois elle parla, continuant à haute voix sa pensée : « Oh ! j'aimé tant le nature ! »

Guy de Maupassant

Je lui offris du pain, de l'eau, du vin. Elle acceptait maintenant avec un petit sourire de momie. Et je commençai à causer paysage.

Après le repas, nous étant levés ensemble, nous nous mîmes à marcher à travers la cour ; puis, attiré sans doute par l'incendie formidable que le soleil couchant allumait sur la mer, j'ouvris la barrière qui donnait vers la falaise, et nous voilà partis, côte à côte, contents comme deux personnes qui viennent de se comprendre et de se pénétrer.

C'était un soir tiède, amolli, un de ces soirs de bien-être où la chair et l'esprit sont heureux. Tout est jouissance et tout est charme. L'air tiède, embaumé, plein de senteurs d'herbes et de senteurs d'algues, caresse l'odorat de son parfum sauvage, caresse le palais de sa saveur marine, caresse l'esprit de sa douceur pénétrante. Nous allions maintenant au bord de l'abîme, au-dessus de la vaste mer qui roulait, à cent mètres sous nous, ses petits flots. Et nous buvions, la bouche ouverte et la poitrine dilatée, ce souffle frais qui avait passé l'Océan et qui nous glissait sur la peau, lent et salé par le long baiser des vagues.

Serrée dans son châle à carreaux, l'air inspiré, les dents au vent, l'Anglaise regardait l'énorme soleil s'abaisser vers la mer. Devant nous, là-bas, là-bas, à la limite de la vue, un trois-mâts couvert de voiles dessinait sa silhouette sur le ciel enflammé, et un vapeur, plus proche, passait en déroulant sa fumée qui laissait derrière lui un nuage sans fin traversant tout l'horizon.

Le globe rouge descendait toujours, lentement. Et bientôt il toucha l'eau, juste derrière le navire immobile qui apparut comme dans un cadre de fer, au milieu de l'astre éclatant. Il s'enfonçait peu à peu, dévoré par l'océan. On

Miss Harriet

le voyait plonger, diminuer, disparaître. C'était fini. Seul le petit bâtiment montrait toujours son profil découpé sur le fond d'or du ciel lointain.

Miss Harriet contemplait d'un regard passionné la fin flamboyante du jour. Et elle avait certes une envie immodérée d'étreindre le ciel, la mer, tout l'horizon.

Elle murmura : « Aoh ! j'aimé… J'aimé… J'aimé… » Je vis une larme dans son œil. Elle reprit : « Je vôdré être une petite oiseau pour m'envoler dans le firmament. »

Et elle restait debout, comme je l'avais vue souvent, piquée sur la falaise, rouge aussi dans son châle de pourpre. J'eus envie de la croquer sur mon album. On eût dit la caricature de l'extase.

Je me retournai pour ne pas sourire.

Puis, je lui parlai peinture, comme j'aurais fait à un camarade, notant les tons, les valeurs, les vigueurs, avec des termes du métier. Elle m'écoutait attentivement, comprenant, cherchant à deviner le sens obscur des mots, à pénétrer ma pensée. De temps en temps elle prononçait : « Oh ! je comprené, je comprené. C'été très palpitante. »

Nous rentrâmes.

Le lendemain, en m'apercevant, elle vint vivement me tendre la main. Et nous fûmes amis tout de suite.

C'était une brave créature[1] qui avait une sorte d'âme à ressorts, partant par bonds dans l'enthousiasme. Elle manquait d'équilibre, comme toutes les femmes restées filles à cinquante ans. Elle semblait confite dans une innocence surie[2] ; mais elle avait gardé au cœur quelque chose de très jeune, d'enflammé. Elle aimait la nature et les bêtes, de l'amour exalté, fermenté comme une boisson trop vieille, de l'amour sensuel qu'elle n'avait point donné aux hommes.

1. À prendre ici au sens chrétien du terme, pour cette mystique : créature de Dieu, avec une connotation légèrement condescendante.
2. Aigrie.

Gustave Caillebotte (1848-1894), *Chemin montant*, huile sur toile, fin XIXe siècle, collection particulière.

Il est certain que la vue d'une chienne allaitant, d'une jument courant dans un pré avec son poulain dans les jambes, d'un nid d'oiseau plein de petits, piaillant, le bec ouvert, la tête énorme, le corps tout nu, la faisait palpiter d'une émotion exagérée.

Pauvres êtres solitaires, errants et tristes des tables d'hôte, pauvres êtres ridicules et lamentables, je vous aime depuis que j'ai connu celui-là !

Je m'aperçus bientôt qu'elle avait quelque chose à me dire, mais elle n'osait point, et je m'amusais de sa timidité. Quand je partais, le matin, avec ma boîte sur le dos, elle m'accompagnait jusqu'au bout du village, muette, visiblement anxieuse et cherchant ses mots pour commencer. Puis elle me quittait brusquement et s'en allait vite, de son pas sautillant.

Un jour enfin, elle prit courage : « Je vôdrè voir vô comment vô faites le peinture ? Volé vô ? Je été très curieux. » Et elle rougissait comme si elle eût prononcé des paroles extrêmement audacieuses.

Je l'emmenai au fond du Petit-Val, où je commençais une grande étude.

Elle resta debout derrière moi, suivant tous mes gestes avec une attention concentrée.

Puis soudain, craignant peut-être de me gêner, elle me dit : « Merci » et s'en alla.

Mais en peu de temps elle devint plus familière et elle se mit à m'accompagner chaque jour avec un plaisir visible. Elle apportait sous son bras son pliant, ne voulant point permettre que je le prisse, et elle s'asseyait à mon côté. Elle demeurait là pendant des heures, immobile et muette, suivant de l'œil le bout de mon pinceau dans tous ses mouve-

Guy de Maupassant

ments. Quand j'obtenais, par une large plaque de couleur posée brusquement avec le couteau, un effet juste et inattendu, elle poussait malgré elle un petit « Aoh! » d'étonnement, de joie et d'admiration. Elle avait un sentiment de respect attendri pour mes toiles, de respect presque religieux pour cette reproduction humaine d'une parcelle de l'œuvre divine. Mes études lui apparaissaient comme des sortes de tableaux de sainteté; et parfois elle me parlait de Dieu, essayant de me convertir.

Oh! c'était un drôle de bonhomme que son bon Dieu, une sorte de philosophe de village, sans grands moyens et sans grande puissance, car elle se le figurait toujours désolé des injustices commises sous ses yeux – comme s'il n'avait pas pu les empêcher.

Elle était, d'ailleurs, en termes excellents avec lui, paraissant même confidente de ses secrets et de ses contrariétés. Elle disait : « Dieu veut » ou « Dieu ne veut pas », comme un sergent qui annoncerait au conscrit[1] que : « Le colonel il a ordonné. »

Elle déplorait du fond du cœur mon ignorance des intentions célestes qu'elle s'efforçait de me révéler; et je trouvais chaque jour dans mes poches, dans mon chapeau quand je le laissais par terre, dans ma boîte à couleurs, dans mes souliers cirés devant ma porte au matin, ces petites brochures de piété qu'elle recevait sans doute directement du Paradis.

Je la traitais comme une ancienne amie, avec une franchise cordiale. Mais je m'aperçus bientôt que ses allures avaient un peu changé. Je n'y pris pas garde dans les premiers temps.

Quand je travaillais, soit au fond de mon vallon, soit dans quelque chemin creux, je la voyais soudain paraître,

1. Jeune soldat, récemment appelé sous les drapeaux.

arrivant de sa marche rapide et scandée. Elle s'asseyait brusquement, essoufflée comme si elle eût couru ou comme si quelque émotion profonde l'agitait. Elle était fort rouge, de ce rouge anglais qu'aucun autre peuple ne possède ; puis, sans raison, elle pâlissait, devenait couleur de terre et semblait près de défaillir. Peu à peu, cependant, je la voyais reprendre sa physionomie ordinaire et elle se mettait à parler.

Puis, tout à coup, elle laissait une phrase au milieu, se levait et se sauvait si vite et si étrangement que je cherchais si je n'avais rien fait qui pût lui déplaire ou la blesser.

Enfin je pensai que ce devaient être là ses allures normales, un peu modifiées sans doute en mon honneur dans les premiers temps de notre connaissance.

Quand elle rentrait à la ferme après des heures de marche sur la côte battue du vent, ses longs cheveux tordus en spirales s'étaient souvent déroulés et pendaient comme si leur ressort eût été cassé. Elle ne s'en inquiétait guère, autrefois, et s'en venait dîner sans gêne, dépeignée ainsi par sa sœur la brise.

Maintenant elle montait dans sa chambre pour rajuster ce que j'appelais ses verres de lampe ; et quand je lui disais avec une galanterie familière qui la scandalisait toujours : « Vous êtes belle comme un astre aujourd'hui, miss Harriet », un peu de sang lui montait aussitôt aux joues, du sang de jeune fille, du sang de quinze ans.

Puis elle redevint tout à fait sauvage et cessa de venir me voir peindre. Je pensai : « C'est une crise, cela passera. » Mais cela ne se passait point. Quand je lui parlais, maintenant, elle me répondait, soit avec une indifférence affectée, soit avec une irritation sourde. Et elle avait des brusque-

Guy de Maupassant

ries, des impatiences, des nerfs. Je ne l'apercevais qu'aux repas et nous ne causions plus guère. Je pensai vraiment que je l'avais froissée en quelque chose ; et je lui demandai un soir : « Miss Harriet, pourquoi n'êtes-vous plus avec moi comme autrefois ? Qu'est-ce que j'ai fait pour vous déplaire ? Vous me causez beaucoup de peine ! »

Elle répondit, avec un accent de colère tout à fait drôle : « J'été toujours avec vô le même qu'autrefois. Ce n'été pas vrai, pas vrai », et elle courut s'enfermer dans sa chambre.

Elle me regardait par moments d'une étrange façon. Je me suis dit souvent depuis ce temps que les condamnés à mort doivent regarder ainsi quand on leur annonce le dernier jour. Il y avait dans son œil une espèce de folie, une folie mystique et violente ; et autre chose encore, une fièvre, un désir exaspéré, impatient et impuissant de l'irréalisé et de l'irréalisable ! Et il me semblait qu'il y avait aussi en elle un combat où son cœur luttait contre une force inconnue qu'elle voulait dompter, et peut-être encore autre chose... Que sais-je ? Que sais-je ?

III

Ce fut vraiment une singulière révélation.

Depuis quelque temps je travaillais chaque matin, dès l'aurore, à un tableau dont voici le sujet :

Un ravin profond, encaissé, dominé par deux talus de ronces et d'arbres s'allongeait, perdu, noyé dans cette vapeur laiteuse, dans cette ouate qui flotte parfois sur les vallons, au lever du jour. Et tout au fond de cette brume épaisse et transparente, on voyait venir, ou plutôt on devinait, un couple humain, un gars et une fille, embrassés, enlacés, elle la tête levée vers lui, lui penché vers elle, et bouche à bouche.

Un premier rayon de soleil, glissant entre les branches, traversait ce brouillard d'aurore, l'illuminait d'un reflet rose derrière les rustiques amoureux, faisait passer leurs ombres vagues dans une clarté argentée. C'était bien, ma foi, fort bien.

Je travaillais dans la descente qui mène au petit val d'Étretat. J'avais par chance, ce matin-là, la buée flottante qu'il me fallait.

Quelque chose se dressa devant moi, comme un fantôme, c'était miss Harriet. En me voyant elle voulut fuir. Mais je l'appelai, criant : «Venez, venez donc, mademoiselle, j'ai un petit tableau pour vous. »

Elle s'approcha, comme à regret. Je lui tendis mon esquisse. Elle ne dit rien, mais elle demeura longtemps immobile à regarder, et brusquement elle se mit à pleurer. Elle pleurait avec des spasmes nerveux comme les gens qui ont beaucoup lutté contre les larmes, et qui ne peuvent plus, qui s'abandonnent en résistant encore. Je me levai d'une secousse, ému moi-même de ce chagrin que je ne comprenais pas, et je lui pris les mains par un mouvement d'affection brusque, un vrai mouvement de Français qui agit plus vite qu'il ne pense.

Elle laissa quelques secondes ses mains dans les miennes, et je les sentis frémir comme si tous ses nerfs se fussent tordus.

Je l'avais reconnu, ce frisson-là, pour l'avoir déjà senti ; et rien ne m'y tromperait. Ah ! le frisson d'amour d'une femme, qu'elle ait quinze ou cinquante ans, qu'elle soit du peuple ou du monde, me va si droit au cœur que je n'hésite jamais à le comprendre.

L'*ekphrasis*

Une *ekphrasis* est une description détaillée, le plus souvent d'une œuvre d'art, qui restitue la présence de l'objet décrit, tout en introduisant un autre niveau de lecture. Ici le tableau semble refléter les fantasmes amoureux de Miss Harriet. ■

Guy de Maupassant

Tout son pauvre être avait tremblé, vibré, défailli. Je le savais. Elle s'en alla sans que j'eusse dit un mot, me laissant surpris comme devant un miracle, et désolé comme si j'eusse commis un crime.

Je ne rentrai pas pour déjeuner. J'allai faire un tour au bord de la falaise, ayant autant envie de pleurer que de rire, trouvant l'aventure comique et déplorable, me sentant ridicule et la jugeant malheureuse à devenir folle.

Je me demandais ce que je devais faire.

Je jugeai que je n'avais plus qu'à partir, et j'en pris tout de suite la résolution.

Après avoir vagabondé jusqu'au dîner, un peu triste, un peu rêveur, je rentrai à l'heure de la soupe.

On se mit à table comme de coutume. Miss Harriet était là, mangeait gravement, sans parler à personne et sans lever les yeux. Elle avait d'ailleurs son visage et son allure ordinaires.

J'attendis la fin du repas, puis, me tournant vers la patronne : « Eh bien ! madame Lecacheur, je ne vais pas tarder à vous quitter. »

La bonne femme, surprise et chagrine, s'écria de sa voix traînante : « Qué qu'vous dites là, mon brave monsieur ? Vous allez nous quitter ! J'étions si bien accoutumée à vous ! »

Je regardais de loin miss Harriet ; sa figure n'avait point tressailli. Mais Céleste, la petite bonne, venait de lever les yeux vers moi. C'était une grosse fille de dix-huit ans, rougeaude, franche, forte comme un cheval, et propre, chose rare. Je l'embrassais quelquefois dans les coins, par habitude de coureur d'auberges, rien de plus.

Et le dîner s'acheva.

Miss Harriet

J'allai fumer ma pipe sous les pommiers, en marchant de long en large, d'un bout à l'autre de la cour. Toutes les réflexions que j'avais faites dans le jour, l'étrange découverte du matin, cet amour grotesque et passionné attaché à moi, des souvenirs venus à la suite de cette révélation, des souvenirs charmants et troublants, peut-être aussi ce regard de servante levé sur moi à l'annonce de mon départ, tout cela mêlé, combiné, me mettait maintenant une humeur gaillarde au corps, un picotement de baisers sur les lèvres, et, dans les veines, ce je ne sais quoi qui pousse à faire des bêtises.

La nuit venait, glissant son ombre sous les arbres, et j'aperçus Céleste qui s'en allait fermer le poulailler de l'autre côté de l'enclos. Je m'élançai, courant à pas si légers qu'elle n'entendit rien, et comme elle se relevait, après avoir baissé la petite trappe par où entrent et sortent les poules, je la saisis à pleins bras, jetant sur sa figure large et grasse une grêle de caresses. Elle se débattait, riant tout de même, accoutumée à cela.

Pourquoi l'ai-je lâchée vivement? Pourquoi me suis-je retourné d'une secousse? Comment ai-je senti quelqu'un derrière moi?

C'était miss Harriet qui rentrait, et qui nous avait vus, et qui restait immobile comme en face d'un spectre. Puis elle disparut dans la nuit.

Je revins honteux, troublé, plus désespéré d'avoir été surpris ainsi par elle que si elle m'avait trouvé commettant quelque acte criminel.

Je dormis mal, énervé à l'excès, hanté de pensées tristes. Il me sembla entendre pleurer. Je me trompais sans doute. Plusieurs fois aussi je crus qu'on marchait dans la maison et qu'on ouvrait la porte du dehors.

Guy de Maupassant

Vers le matin, la fatigue m'accablant, le sommeil enfin me saisit. Je m'éveillai tard et ne me montrai que pour déjeuner, confus encore, ne sachant quelle contenance garder.

On n'avait point aperçu miss Harriet. On l'attendit ; elle ne parut pas. La mère Lecacheur entra dans sa chambre, l'Anglaise était partie. Elle avait dû même sortir dès l'aurore, comme elle sortait souvent, pour voir se lever le soleil.

On ne s'en étonna point et on se mit à manger en silence.

Il faisait chaud, très chaud, c'était un de ces jours brûlants et lourds où pas une feuille ne remue. On avait tiré la table dehors, sous un pommier ; et de temps en temps Sapeur allait remplir au cellier la cruche de cidre, tant on buvait. Céleste apportait les plats de la cuisine, un ragoût de mouton aux pommes de terre, un lapin sauté et une salade. Puis elle posa devant nous une assiette de cerises, les premières de la saison.

Voulant les laver et les rafraîchir, je priai la petite bonne d'aller me tirer un seau d'eau bien froide.

Elle revint au bout de cinq minutes en déclarant que le puits était tari. Ayant laissé descendre toute la corde, le seau avait touché le fond, puis il était remonté vide. La mère Lecacheur voulut se rendre compte par elle-même, et s'en alla regarder par le trou. Elle revint en annonçant qu'on voyait bien quelque chose dans son puits, quelque chose qui n'était pas naturel. Un voisin sans doute y avait jeté des bottes de paille, par vengeance. Je voulus aussi regarder, espérant que je saurais mieux distinguer, et je me penchai sur le bord. J'aperçus vaguement un objet blanc. Mais quoi ? J'eus alors l'idée de descendre une lanterne au bout d'une corde. La lueur jaune dansait sur les parois de pierre, s'enfonçant peu à peu. Nous étions tous les quatre inclinés sur l'ouverture, Sapeur et Céleste nous ayant rejoints. La lanterne s'arrêta au-dessus d'une masse indistincte, blanche et noire, singulière, incompréhensible. Sapeur s'écria :

« C'est un cheval. Je vé le sabot. Y s'ra tombé c'te nuit après s'avoir écapé du pré. »

Mais soudain, je frissonnai jusqu'aux moelles. Je venais de reconnaître un pied, puis une jambe dressée ; le corps entier et l'autre jambe disparaissaient sous l'eau.

Je balbutiai, très bas, et tremblant si fort que la lanterne dansait éperdument au-dessus du soulier :

C'est une femme qui… qui… qui est là-dedans… c'est miss Harriet.

Sapeur seul ne sourcilla pas. Il en avait vu bien d'autres en Afrique !

La mère Lecacheur et Céleste se mirent à pousser des cris perçants, et elles s'enfuirent en courant.

Il fallut faire le sauvetage de la morte. J'attachai solidement le valet par les reins et je le descendis ensuite au moyen de la poulie, très lentement, en le regardant s'enfoncer dans l'ombre. Il tenait aux mains la lanterne et une autre corde. Bientôt sa voix, qui semblait venir du centre de la terre, cria : « Arr'tez » ; et je le vis qui repêchait quelque chose dans l'eau, l'autre jambe, puis il ligatura les deux pieds ensemble et cria de nouveau : « Halez. » Je le fis remonter ; mais je me sentais les bras cassés, les muscles mous, j'avais peur de lâcher l'attache et de laisser retomber l'homme. Quand sa tête apparut à la margelle, je demandai : « Eh bien ? » comme si je m'étais attendu à ce qu'il me donnât des nouvelles de celle qui était là, au fond.

Guy de Maupassant

Nous montâmes tous deux sur la pierre du rebord et, face à face, penchés sur l'ouverture, nous nous mîmes à hisser le corps.

La mère Lecacheur et Céleste nous guettaient de loin, cachées derrière le mur de la maison. Quand elles aperçurent, sortant du trou, les souliers noirs et les bas blancs de la noyée, elles disparurent.

Sapeur saisit les chevilles, et on la tira de là, la pauvre et chaste fille, dans la posture la plus immodeste[1]. La tête était affreuse, noire et déchirée ; et ses longs cheveux gris, tout à fait dénoués, déroulés pour toujours, pendaient, ruisselants et fangeux. Sapeur prononça d'un ton de mépris :

« Nom d'un nom, qu'all'est maigre ! »

Nous la portâmes dans sa chambre, et comme les deux femmes ne reparaissaient point, je fis sa toilette mortuaire avec le valet d'écurie.

Je lavai sa triste face décomposée. Sous mon doigt, un œil s'ouvrit un peu, qui me regarda de ce regard pâle, de ce regard froid, de ce regard terrible des cadavres, qui semble venir de derrière la vie. Je soignai comme je le pus ses cheveux répandus, et, de mes mains inhabiles, j'ajustai sur son front une coiffure nouvelle et singulière. Puis j'enlevai ses vêtements trempés d'eau, découvrant un peu, avec honte, comme si j'eusse commis une profanation, ses épaules et sa poitrine, et ses longs bras aussi minces que des branches.

Puis, j'allai chercher des fleurs, des coquelicots, des bluets, des marguerites et de l'herbe fraîche et parfumée, dont je couvris sa couche funèbre.

Puis il me fallut remplir les formalités d'usage, étant seul auprès d'elle. Une lettre trouvée dans sa poche, écrite au dernier moment, demandait qu'on l'enterrât dans ce

1. Impudique.

Miss Harriet

village où s'étaient passés ses derniers jours. Une pensée affreuse me serra le cœur. N'était-ce point à cause de moi qu'elle voulait rester en ce lieu ?

Vers le soir, les commères du voisinage s'en vinrent pour contempler la défunte ; mais j'empêchai qu'on entrât ; je voulais rester seul près d'elle ; et je veillai toute la nuit. Je la regardais à la lueur des chandelles, la misérable femme inconnue à tous, morte si loin, si lamentablement. Laissait-elle quelque part des amis, des parents ? Qu'avaient été son enfance, sa vie ? D'où venait-elle ainsi, toute seule, errante, perdue comme un chien chassé de sa maison ? Quel secret de souffrance et de désespoir était enfermé dans ce corps disgracieux, dans ce corps porté, ainsi qu'une tare honteuse, durant toute son existence, enveloppe ridicule qui avait chassé loin d'elle toute affection et tout amour ?

Comme il y a des êtres malheureux ! Je sentais peser sur cette créature humaine l'éternelle injustice de l'implacable nature ! C'était fini pour elle, sans que, peut-être, elle eût jamais eu ce qui soutient les plus déshérités, l'espérance d'être aimée une fois ! Car pourquoi se cachait-elle ainsi, fuyait-elle les autres ? Pourquoi aimait-elle d'une tendresse si passionnée toutes les choses et tous les êtres vivants qui ne sont point les hommes ?

Et je comprenais qu'elle crût à Dieu, celle-là, et qu'elle eût espéré ailleurs la compensation de sa misère. Elle allait maintenant se décomposer et devenir plante à son tour. Elle fleurirait au soleil, serait broutée par les vaches, emportée en graine par les oiseaux, et, chair des bêtes, elle redeviendrait de la chair humaine. Mais ce qu'on appelle l'âme s'était éteint au fond du puits noir. Elle ne souffrait plus. Elle avait changé sa vie contre d'autres vies qu'elle ferait naître.

Guy de Maupassant

Les heures passaient dans ce tête-à-tête sinistre et silencieux. Une lueur pâle annonça l'aurore ; puis un rayon rouge glissa jusqu'au lit, mit une barre de feu sur les draps et sur les mains. C'était l'heure qu'elle aimait tant. Les oiseaux réveillés chantaient dans les arbres.

J'ouvris toute grande la fenêtre, j'écartai les rideaux pour que le ciel entier nous vît, et me penchant sur le cadavre glacé, je pris dans mes mains la tête défigurée, puis, lentement, sans terreur et sans dégoût, je mis un baiser, un long baiser, sur ces lèvres qui n'en avaient jamais reçu.

Léon Chenal se tut. Les femmes pleuraient. On entendait sur le siège le comte d'Etraille se moucher coup sur coup. Seul le cocher sommeillait. Et les chevaux, qui ne sentaient plus le fouet, avaient ralenti leur marche, tiraient mollement. Et le break n'avançait plus qu'à peine, devenu lourd tout à coup comme s'il eût été chargé de tristesse.

9 juillet 1883.

GUY DE MAUPASSANT

Rosalie Prudent
(1886)

IL Y AVAIT VRAIMENT DANS CETTE AFFAIRE un mystère que ni les jurés, ni le président, ni le procureur de la République lui-même ne parvenaient à comprendre.

La fille Prudent (Rosalie), bonne chez les époux Varambot, de Mantes, devenue grosse[1] à l'insu de ses maîtres, avait accouché, pendant la nuit, dans sa mansarde, puis tué et enterré son enfant dans le jardin.

C'était là l'histoire courante de tous les infanticides accomplis par les servantes. Mais un fait demeurait inexplicable. La perquisition opérée dans la chambre de la fille Prudent avait amené la découverte d'un trousseau complet d'enfant, fait par Rosalie elle-même, qui avait passé ses nuits à le couper et à le coudre pendant trois mois. L'épicier chez qui elle avait acheté de la chandelle, payée sur ses gages, pour ce long travail, était venu témoigner. De plus, il demeurait acquis que la sage-femme du pays, prévenue par elle de son état, lui avait donné tous les renseignements et tous les conseils pratiques pour le cas où l'accident arriverait dans un moment où les secours demeureraient impossibles. Elle avait cherché en outre une place à Poissy pour la fille Prudent qui prévoyait son renvoi, car les époux Varambot ne plaisantaient pas sur la morale.

Ils étaient là, assistant aux assises, l'homme et la femme, petits rentiers de province, exaspérés contre cette traînée qui avait souillé leur maison. Ils auraient voulu la voir guillotiner

1. Enceinte.

Guy de Maupassant

tout de suite, sans jugement, et ils l'accablaient de dépositions haineuses devenues dans leur bouche des accusations.

La coupable, une belle grande fille de Basse-Normandie, assez instruite pour son état, pleurait sans cesse et ne répondait rien.

On en était réduit à croire qu'elle avait accompli cet acte barbare dans un moment de désespoir et de folie, puisque tout indiquait qu'elle avait espéré garder et élever son fils.

Le président essaya encore une fois de la faire parler, d'obtenir des aveux, et l'ayant sollicitée avec une grande douceur, lui fit enfin comprendre que tous ces hommes réunis pour la juger ne voulaient point sa mort et pouvaient même la plaindre.

Alors elle se décida.

Il demandait : « Voyons, dites-nous d'abord quel est le père de cet enfant ? »

Jusque-là elle l'avait caché obstinément.

Elle répondit soudain, en regardant ses maîtres qui venaient de la calomnier avec rage.

– C'est M. Joseph, le neveu à M. Varambot.

Les deux époux eurent un sursaut et crièrent en même temps : « C'est faux ! Elle ment. C'est une infamie. »

Le président les fit taire et reprit : « Continuez, je vous prie, et dites-nous comment cela est arrivé. »

Alors elle se mit brusquement à parler avec abondance, soulageant son cœur fermé, son pauvre cœur solitaire et broyé, vidant son chagrin, tout son chagrin maintenant devant ces hommes sévères qu'elle avait pris jusque-là pour des ennemis et des juges inflexibles.

« Oui, c'est M. Joseph Varambot, quand il est venu en congé l'an dernier.

Servante de ferme, Sologne, vers 1900.

Guy de Maupassant

– Qu'est-ce qu'il fait, M. Joseph Varambot ?

– Il est sous-officier d'artilleurs, m'sieu. Donc il resta deux mois à la maison. Deux mois d'été. Moi, je ne pensais à rien quand il s'est mis à me regarder, et puis à me dire des flatteries, et puis à me cajoler tant que le jour durait. Moi, je me suis laissé prendre, m'sieu. Il m'répétait que j'étais belle fille, que j'étais plaisante… que j'étais de son goût… Moi, il me plaisait pour sûr… Que voulez-vous ?… On écoute ces choses-là, quand on est seule… toute seule… comme moi. J'suis seule sur la terre, m'sieu… J'n'ai personne à qui parler… Personne à qui conter mes ennuyances… Je n'ai pu d'père, pu d'mère, ni frère, ni sœur, personne ! Ça m'a fait comme un frère qui serait r'venu quand il s'est mis à me causer. Et puis, il m'a demandé de descendre au bord de la rivière un soir, pour bavarder sans faire de bruit. J'y suis v'nue, moi… Je sais-t-il ? je sais-t-il après ?… Il me tenait la taille… Pour sûr, je ne voulais pas… non… non… J'ai pas pu… J'avais envie de pleurer tant que l'air était douce… Il faisait clair de lune… J'ai pas pu… Non… Je vous jure… J'ai pas pu… Il a fait ce qu'il a voulu… Ça a duré encore trois semaines, tant qu'il est resté… Je l'aurais suivi au bout du monde… Il est parti… Je ne savais pas que j'étais grosse, moi !… Je ne l'ai su que l'mois d'après… »

Elle se mit à pleurer si fort qu'on dut lui laisser le temps de se remettre.

Puis le président reprit sur un ton de prêtre au confessionnal : « Voyons, continuez. »

Elle recommença à parler : « Quand j'ai vu que j'étais grosse, j'ai prévenu Mme Boudin, la sage-femme, qu'est là pour le dire ; et j'y ai demandé la manière pour le cas où ça arriverait sans elle. Et puis j'ai fait mon trousseau, nuit à

Rosalie Prudent

nuit, jusqu'à une heure du matin, chaque soir ; et puis j'ai
cherché une autre place, car je savais bien que je serais ren-
voyée ; mais j'voulais rester jusqu'au bout dans la maison,
pour économiser des sous, vu que j'n'en ai guère, et qu'il
m'en faudrait, pour le p'tit…

– Alors vous ne vouliez pas le tuer ?

– Oh ! pour sûr non, m'sieu.

– Pourquoi l'avez-vous tué, alors ?

– V'là la chose. C'est arrivé plus tôt que je n'aurais cru. Ça
m'a pris dans ma cuisine, comme j'finissais ma vaisselle.
M. et Mme Varambot dormaient déjà ; donc je monte, pas
sans peine, en me tirant à la rampe ; et je m'couche par
terre, sur le carreau, pour n'point gâter mon lit. Ça a duré
p't-être une heure, p't-être deux, p't-être trois ; je ne sais
point, tant ça me faisait mal ; et puis, je l'poussais d'toute
ma force, j'ai senti qu'il sortait, et je l'ai ramassé.

Oh ! oui, j'étais contente, pour sûr ! J'ai fait tout ce que
m'avait dit Mme Boudin, tout ! Et puis je l'ai mis sur mon
lit, lui ! Et puis v'là qu'il me r'vient une douleur, mais une
douleur à mourir. Si vous connaissiez ça, vous autres, vous
n'en feriez pas tant, allez ! J'en ai tombé sur les genoux,
puis sur le dos, par terre ; et v'là que ça me reprend, p't-
être une heure encore, p't-être deux, là toute seule… et
puis qu'il en sort un autre… un autre p'tit… deux… oui…
deux… comme ça ! je l'ai pris comme le premier, et puis
je l'ai mis sur le lit, côte à côte – deux. – Est-ce possible,
dites ? Deux enfants ! Moi qui gagne vingt francs par mois !
Dites… est-ce possible ! Un, oui, ça s'peut, en se privant…
mais pas deux ! Ça m'a tourné la tête. Est-ce que je sais,
moi ? – J'pouvais-t-il choisir, dites ?

Guy de Maupassant

Est-ce que je sais ! Je me suis vue à la fin de mes jours ! J'ai mis l'oreiller d'sus, sans savoir... Je n'pouvais pas en garder deux... et je m'suis couchée d'sus encore. Et puis, j'suis restée à m'rouler et à pleurer jusqu'au jour que j'ai vu venir par la fenêtre ; ils étaient morts sous l'oreiller, pour sûr. Alors je les ai pris sous mon bras, j'ai descendu l'escalier, j'ai sorti dans l'potager, j'ai pris la bêche au jardinier, et je les ai enfouis sous terre, l'plus profond que j'ai pu, un ici, puis l'autre là, pas ensemble, pour qu'ils n'parlent pas de leur mère, si ça parle, les p'tits morts. Je sais-t-il, moi ?

Et puis, dans mon lit, v'là que j'ai été si mal que j'ai pas pu me lever. On a fait venir le médecin qu'a tout compris. C'est la vérité, m'sieu le juge. Faites ce qu'il vous plaira, j'suis prête. »

La moitié des jurés se mouchaient coup sur coup pour ne point pleurer. Des femmes sanglotaient dans l'assistance. Le président interrogea.

« À quel endroit avez-vous enterré l'autre ?

Elle demanda :

– Lequel que vous avez ?

– Mais... celui... celui qui était dans les artichauts.

– Ah bien ! L'autre est dans les fraisiers, au bord du puits. »

Et elle se mit à sangloter si fort qu'elle gémissait à fendre les cœurs.

La fille Rosalie Prudent fut acquittée.

Théodore de Banville

Les Servantes
(1885)

I

EN PROVINCE, BEAUCOUP D'ÂMES DÉLICATES, douloureusement froissées dans leurs plus légitimes instincts, n'ont d'autre parti à prendre que celui de la résignation, et c'est à celui-là que s'était arrêtée Mme Henriette Simonat, après des luttes inutiles. Mariée à un homme d'esprit grossier, tyrannique, libertin, profondément égoïste et, de plus, avare, elle comprit bien vite qu'elle devait abandonner toute espérance ; et, à vingt-huit ans, merveilleusement belle, et mère de deux enfants déjà grands, elle avait fait son deuil de la vie. Les Simonat habitaient une campagne nommée les Bernadets, près d'Azay-sur-Cher, à quatorze kilomètres de Tours ; mais, en réalité, Mme Henriette était à mille lieues de cette ville, où son fils François était au lycée, sa fille Julie en pension, et où elle avait laissé ses amitiés d'enfance. Car son mari la tenait à la maison comme prisonnière, n'ayant ni les plaisirs de la compagnie, ni l'âpre jouissance de la solitude. En effet, Simonat qui faisait valoir ses grandes propriétés, recevait assez fréquemment des marchands de vin, de grains, de bestiaux, et des compagnons de chasse ; Mme Henriette devait alors faire les honneurs de sa table à des hommes qui buvaient comme des sourds, mettaient leurs coudes sur la table et, au dessert, fumaient leurs pipes.

Théodore de Banville

Dans une si triste vie, et privée de toute amitié, Mme Simonat ne trouva aucun recours, si ce n'est dans le dévouement de sa femme de chambre, Rosalie Hulin, une grande fille blonde, alerte, stylée, pleine d'attentions, qui savait soigner et choyer sa dame, lui éviter toutes les besognes ennuyeuses, lui tenir compagnie, lui faire la lecture, être au besoin pour son service une repasseuse, une couturière, une modiste et une dentellière de premier ordre. D'une très faible santé, minée encore par l'incurable ennui, Madame Henriette était en proie à des crises fréquentes, pendant lesquelles elle perdait toute force, et avait besoin de mille soins délicats ; elle trouvait alors chez Rosalie l'affection la plus affectueuse, la plus tendre, la plus discrète. Si quelque faute avait été commise qui devait exciter la brutale colère de Simonat, la servante n'hésitait pas à s'en charger, toujours prête à affronter l'orage, à suppléer sa maîtresse en toutes choses, et même, comme on le verra, en trop de choses. Mais telles furent la patience, la sollicitude, l'ingénieuse bonté de cette aimable fille qui, à chaque vacance, allait chercher les enfants à Tours, les y reconduisait et veillait sur eux, d'ailleurs toujours prête à partir, si leur mère était tourmentée d'un pressentiment ou de la moindre inquiétude ; elle sut si bien se rendre indispensable, tout en restant sans nul oubli à son humble place de servante, que Mme Henriette Simonat lui pardonna dans son âme, lorsqu'elle apprit enfin que Rosalie était la maîtresse de son mari.

II

D'ailleurs, les deux femmes n'abordèrent jamais dans sa réalité cette question brûlante ; mais tout en restant dans les

Les Servantes

allusions et les sous-entendus, la femme de chambre fit très bien comprendre à sa maîtresse que le mal eût été beaucoup plus grand, si une autre qu'elle eût pris de l'influence sur Simonat, trop égoïste et sensuel pour n'être pas gouverné par ses désirs. Mme Henriette fut persuadée avec raison qu'en tout état de cause, Rosalie prendrait son intérêt et celui de ses enfants, et si elle ne se consola pas de se voir amèrement délaissée, elle dut garder encore à son indigne rivale quelque chose comme une reconnaissance triste et désolée. Cependant, tant de déceptions, l'incurable regret d'une vie manquée et sans issue ne tardèrent pas à détruire les dernières forces de Mme Simonat ; usée et à bout de résistance, sans maladie apparente, elle s'alita bientôt pour mourir, et mourut, en effet, tenant dans ses bras François et Julie, que Rosalie était allée chercher à Tours. Tout en les couvrant de ses derniers baisers, la malheureuse mère les confiait, les recommandait du regard à sa servante, à qui elle avait chrétiennement pardonné.

De nombreux parents vinrent assister aux obsèques de Mme Henriette, et au retour du cimetière, Simonat les régala d'un plantureux festin, où furent mangés des cochons de lait rôtis, des pâtés de venaison et des carpes de la Loire, et où les vins de Vouvray coulèrent à pleins bords ; le soir même, chacun partit de son côté, et Rosalie reconduisit les enfants à Tours, où elle coucha, et d'où elle ne revint que le lendemain matin. Dès qu'il fut seul, Simonat se débarrassa tout de suite de ses regrets, et cela d'autant plus facilement qu'il n'en avait éprouvé aucun. Lorsque Rosalie rentra à la maison, elle le trouva gai, le sourire alerte, et se frottant les mains.

« Donnez-moi le trousseau de clefs, dit-elle ; toutes les clefs ! Et en même temps, elle regardait complaisamment la

Nouvelles réalistes et naturalistes 67

Théodore de Banville

cour du domaine où rentraient de grands bœufs, les cîmes des grands arbres du jardin qu'on voyait par-dessus le mur, les chariots, les charrues, les volailles picorant dans l'herbe, les dindons au jabot rouge, les chiens de chasse aux taches fauves, et elle se disait que tout cela était à elle. »

Simonat rendit le trousseau de clefs à Rosalie, et la regardant humblement avec un air de chien battu :

« Tu sais, dit-il, ce que je t'ai toujours promis ; c'est que je t'épouserais, si ma femme mourait. Je suis prêt, quand tu voudras, à tenir ma promesse.

– À d'autres, dit la belle Rosalie Hulin. Je ne veux pas donner une belle-mère aux chers petits, mais j'aurai soin que, sans moi, vous ne leur en donniez pas une. Quant à faire ma pelote[1], croyez que je n'y manquerai pas, et je n'aurai pas besoin d'être votre femme pour mettre ce qu'il me plaira dans ma bourse. Enfin, je n'ai pas envie de souffrir ce qu'a souffert madame ! Ou je me trompe bien, ou vous mourrez dans la peau d'un homme qui chiffonne la belle femme de chambre : mais la femme de chambre, s'il vous plaît, ce sera moi ! Et maintenant allez faire votre tour, et pas de paroles inutiles. »

III

Rosalie tendit sa joue avec un air auquel Simonat ne savait pas résister, et il partit, après avoir mis son baiser de rustre sur cette belle chair fraîche. Dès que la servante fut seule, elle ouvrit la porte de la cuisine, et s'adressant à une fillette qui écurait un chaudron de cuivre jaune :

« Va, dit-elle, me chercher la Suzanne, qui garde ses vaches dans le pré, et qu'elle vienne tout de suite. »

1. Amasser de l'argent en profitant de sa situation.

**Les Servantes**

Quelques minutes plus tard, la Suzanne entrait, une grande jolie fille mince aux bizarres yeux verts, avec de lourds cheveux blonds, une peau aussi blonde que ses cheveux, et des lèvres d'un rose vif, extraordinairement spirituelles.

« Ma fille, lui dit Rosalie, tu es engagée jusqu'à la Toussaint ; c'est cinquante écus qu'on te doit, les voici, et tu vas, s'il vous plaît, tourner les talons.

– J'entends bien, Madame Rosalie, dit la vachère, après un assez long silence ; seulement, je vais vous dire, j'aime autant rester ici.

– Allons ! dit la femme de chambre, je serais une mauvaise ménagère si je n'avais pas fait des trous de vrille[2] à toutes les portes ! Et plus de vingt fois, avec les yeux que voilà, je t'ai vue toute dépenaillée, assise sur le lit de monsieur, qui fourrait ses doigts dans tes cheveux jaunes !

– Ça se peut bien, dit Suzanne, dont la bouche retroussée en arc eut un malicieux sourire. Moi, je n'ai pas eu besoin de faire des trous aux portes pour savoir que le laboureur Pierre Mabru est de vos amis. C'est un beau garçon aux larges épaules, chevelu comme un chêne, et qui sait gouverner les filles, aussi bien que ses bœufs et ses chevaux. Moi aussi, je vous ai vue plus de vingt fois avec lui, dans sa chambre de l'écurie, dans le grenier à foin, et dans le petit bois qui est au bout du pré ; car, mademoiselle, je marche pieds nus, on ne m'entend pas venir, et je ne fais pas plus de bruit qu'une souris !

– Eh ! dit Rosalie Hulin, qui te croira ? Ce n'est pas M. Simonat, sans doute ?

– Le malheur, dit Suzanne, levant ses grands yeux aux longs cils dorés, c'est que vous et moi, on nous a envoyées à l'école. Toutes les deux nous savons lire et écrire ; mais

2. Les trous permettent d'espionner de l'autre côté des portes fermées.

Nouvelles réalistes et naturalistes **69**

moi je n'écris pas, je lis seulement. Quand Mabru s'en est allé pour l'héritage de ses parents et qu'il a passé un mois à Larçay, chez son frère le meunier, vous vous êtes trop ennuyée après lui, vous lui écriviez, pour peu, tous les jours que Dieu fait, et moi, j'ai toutes les lettres ! Mabru me les a cédées de bonne amitié ; elles sont dans un lieu sûr, où vous ne les trouverez pas, et M. Simonat les recevrait tout de suite, si on touchait à un cheveu de ma tête. »

IV

« Ah ! dit Rosalie, grinçant des dents, tu es aussi la maîtresse de Pierre Mabru !

– Après vous, mademoiselle, dit humblement Suzanne. Je vois bien que vous me souhaitez loin d'ici, et que vous allez m'offrir quelques billets de mille francs. Mais au contraire, mon idée est de rester. Je pense que M. Simonat a assez de méchanceté et de bêtise et d'argent pour nous deux, et que Pierre Mabru a aussi assez de jeunesse et d'amour pour nous deux ; vivons dans une bonne intelligence, et rentrons nos griffes. Si vous voulez bien me supporter, mademoiselle, vous me trouverez prête à vous obéir et à vous servir en toute occasion, à cacher vos fautes, si vous en faites, et à suivre de mon mieux vos commandements. Mais je ne veux pas m'en aller d'ici, et je suis trop attachée à la maison.

– C'est bon, dit Rosalie Hulin, je tâcherai d'arranger cela et j'y réfléchirai. En attendant, va garder tes vaches. »

Arranger ça ! et comment ? La servante se brisait la tête à y réfléchir, mais la vie sait tout dénouer avec ses combi-

**Les Servantes**

naisons mystérieuses. Aux suivantes vacances de Pâques, pendant les quelques jours que la petite Julie Simonat était venue passer chez son père, avec son frère François, elle fut attaquée de la petite vérole. La dévouée Rosalie s'installa à son chevet, la soigna comme une mère, ne la quitta ni jour ni nuit, et la guérit enfin ; mais elle-même gagna la maladie de l'enfant, et mourut au milieu de longues et cruelles souffrances. M. Simonat qui, en sa qualité de tyran, a le goût invétéré du mariage, a épousé un an après sa voisine, la riche Mme Dufourcq, dont il convoitait les vastes propriétés, et naturellement, c'est Suzanne qui est devenue la belle femme de chambre. Très entendue et très fine, elle a su, en suivant les traditions de sa devancière, se dévouer parfaitement à sa maîtresse, et lui éviter de nombreux ennuis. Comme Rosalie aussi, elle protège et défend de son mieux les enfants Simonat ; elle maintient le bon ordre et la propreté dans la maison, et tout doucement, sans faire semblant de rien, elle est devenue riche. Cette spirituelle personne, qui se propose d'aller plus tard à Paris, a très bien su garder son argent, et n'a pas commis la faute d'épouser Pierre Mabru. Elle se sait très étrangement jolie et très désirable ; mais elle n'ignore pas du tout qu'une belle femme vaut une autre belle femme, et elle surveille attentivement ses vachères.

Alfred Sisley (1839-1899), *Cour de ferme à Saint-Mammès* (1884), huile sur toile (73 x 93 cm), musée d'Orsay, Paris.

Photographier, est-ce recomposer le réel ? **Analyse d'images** ▶ p. 125

Dossier images

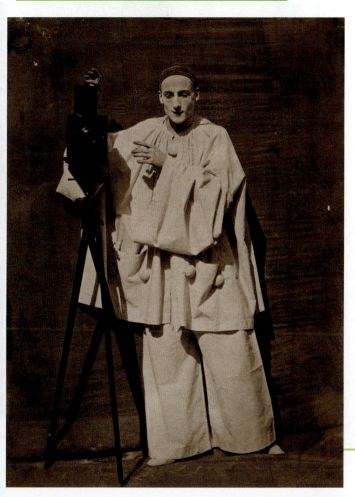

Pierrot photographe
Nadar jeune (1825-1903), photographie, 1854.

I

Dossier images

Peintre sur une corde à nœud
Henri Rivière (1864-1951), photographie, 1889.

II

Joueur d'orgue de barbarie avec femme

Eugène Atget (1857-1927), photographie (22,1 x 17,3 cm), 1899, musée Carnavalet, Paris.

Dossier images

III

Dossier images

Deux enfants de la campagne
Constant Alexandre Famin (1827-1888), photographie, 1859, BnF, Paris.

IV

OCTAVE MIRBEAU

Le Père Nicolas
(1885)

À M. Auguste Rodin.

IL Y AVAIT DEUX LONGUES HEURES que nous marchions, dans les champs, sous le soleil qui tombait du ciel comme une pluie de feu ; la sueur ruisselait sur mon corps et la soif, une soif ardente, me dévorait. En vain, j'avais cherché un ru[1], dont l'eau fraîche chante sous les feuilles, ou bien une source, comme il s'en trouve pourtant beaucoup dans le pays, une petite source qui dort dans sa niche de terre moussue, pareille aux niches où nichent les saints campagnards. Et je me désespérais, la langue desséchée et la gorge brûlante.

« Allons jusqu'à la Heurtaudière, cette ferme que vous voyez là-bas, me dit mon compagnon ; le père Nicolas nous donnera du bon lait. »

Nous traversâmes un large guéret[2] dont les mottes crevaient sous nos pas en poussière rouge ; puis, ayant longé un champ d'avoine, étoilé de bluets[3] et de coquelicots, nous arrivâmes en un verger où des vaches, à la robe bringelée[4], dormaient couchées à l'ombre des pommiers. Au bout du verger était la ferme. Il n'y avait dans la cour, formée par quatre pauvres bâtiments, aucun être vivant, sinon les poules picorant le fumier qui, tout près de la bergerie, baignait dans un lit immonde de purin. Après avoir inutilement essayé d'ouvrir les portes fermées et barricadées, mon compagnon dit :

1. Petit cours d'eau.
2. Terrain labouré et qui n'est pas encore ensemencé.
3. Autre forme pour « bleuets », plantes à fleurs bleues.
4. Très rare, pour « bringée » : se dit de bovins dont la robe fauve porte des bandes de poils sombres.

Nouvelles réalistes et naturalistes

Octave Mirbeau

« Sans doute que le monde est aux champs ! »

Pourtant, il héla :

« Père Nicolas ! Hé ! père Nicolas ? »

Aucune voix ne répondit.

« Hé ! père Nicolas ! »

30 Ce second appel n'eut pour résultat que d'effaroucher les poules qui s'égaillèrent en gloussant et en battant de l'aile.

« Père Nicolas ! »

Très désappointé, je pensais sérieusement à aller traire moi-même les vaches du verger, quand une tête de vieille femme, revêche, ridée et toute rouge, apparut à la porte entrebâillée d'un grenier.

« Quen ? s'écria la paysanne, c'est-y vous, monsieur Joseph ? J'vous avions point remis, ben sû, tout d'suite.

40 Faites excuses et la compagnie. »

Elle se montra tout à fait. Un bonnet de coton, dont la mèche était ramenée sur le front, enserrait sa tête ; une partie des épaules et le cou qu'on eût dits de brique, tant ils avaient été cuits et recuits par le soleil, sortaient décharnés, ravinés, des plis flottants de la chemise de grosse toile que rattachait, aux hanches, un jupon court d'enfant à rayures noires et grises. Des sabots grossièrement taillés à même le tronc d'un bouleau, servaient de chaussures à ses pieds nus, violets et gercés comme un vieux morceau de cuir.

50 La paysanne ferma la porte du grenier, assujettit l'échelle par où l'on descendait ; mais, avant de mettre le pied sur le premier barreau, elle demanda à mon compagnon :

« C'est-y vous qu'avions hélé après le père Nicolas, moun homme ?

– Oui, la mère, c'est moi.

Le Père Nicolas

– Qué qu'vous l'y v'lez, au père Nicolas ?

– Il fait chaud, nous avions soif, et nous voulions lui demander une jatte de lait.

– Espérez-mé, monsieur Joseph ; j'vas à quant vous. »

Elle descendit, le long de l'échelle, lentement, en faisant claquer ses sabots.

« Le père Nicolas n'est donc point là ? interrogea mon compagnon.

– Faites excuses, répondit la vieille, il est là. Ah ! pargué si ! y est, le pauv'bounhomme pas prêt à démarrer, pour sû ! on l'a mis en bière à c'matin. »

Elle était tout à fait descendue. Après s'être essuyée le front, où la sueur coulait par larges gouttes, elle ajouta :

« Oui, monsieur Joseph, il est mô, le père Nicolas. Ça y est arrivé hier dans la soirant. »

Comme nous prenions une mine contristée :

« Ça ne fait ren, ren en tout, dit-elle, v'allez entrer vous rafraîchi un brin, et vous met'à vout'aise, attendiment que j'vas cri ce qui vous faut. »

Elle ouvrit la porte de l'habitation, fermée à double tour.

« Entrez, messieurs, et n'vous gênez point… faites comme cheuz vous… T'nez, le v'là, l'père Nicolas. »

Sous les poutres enfumées, au fond de la grande pièce sombre, entre les deux lits drapés d'indienne, sur deux chaises était posé un cercueil de bois blanc, à demi recouvert d'une nappe de toile écrue qu'ornaient seulement le crucifix de cuivre et le rameau de buis bénit. Au pied du cercueil, on avait apporté une petite table sur laquelle une chandelle, en guise de cierge, achevait de se consumer tristement, et où s'étalait un pot de terre brune, plein d'eau

Octave Mirbeau

bénite, avec un mince balai de genêts servant d'aspergeoir. Ayant fait le signe de la croix, nous jetâmes un peu d'eau sur la bière, et, sans rien dire, nous nous assîmes devant la grande table, en nous regardant ahuris.

La mère Nicolas ne tarda pas à rentrer. Elle apportait avec précaution une vaste jatte de lait qu'elle déposa sur la table en disant :

« Vous pouvez ben en boire tout vout'saoul, allez ! Y en a pas de pus bon et de pus frais. »

Pendant qu'elle disposait les bols et qu'elle tirait de la huche[1] la bonne miche de pain bis, mon compagnon lui demanda :

« Était-il malade depuis longtemps, le père Nicolas ?

– Point en tout, monsieur Joseph, répondit la vieille. Pour dire, d'pis queuque temps, y n'était pas vaillant, vaillant. Ça le tracassait dans les pomons ; l'sang, à c'que j'créiais. Deux coups, il était v'nu blanc, pis violet, pis noir, pis il était chu, quasiment mô.

– Vous n'avez donc pas été chercher le médecin ?

– Ben sûr non, monsieur Joseph qu'j'ons point été l'cri, l'médecin. Pour malade, y n'était point malade pour dire. Ça ne l'empêchait point d'aller à droite, à gauche, de virer partout avé les gars. Hier, j'vas au marché ; quand je reviens, v'là-t-y pas que l'père Nicolas était assis, la tête cont'la table, les bras ballants, et qu'y n'bougeait pas pus qu'eune pierre. "Moun homme !" qu'j'y dis. Ren. "Père Nicolas, moun homme !", qu'j'y dis cont'l'oreille. Ren, ren, ren en tout. Alors, j'l'bouge comme ça. Mais v'là-t-y pas qu'y s'met à branler, pis qu'y chute su l'plancher, pis qu'y reste sans seulement mouver eune patte, et noir, noir quasiment comme du charbon. "Bon sens, qu'j'dis, l'père Nicolas qu'est mô !"

---

1. Coffre de bois rectangulaire à couvercle plat, servant à conserver les miches.

Le Père Nicolas

Et il était mô, monsieur Joseph, tout à fait mô… Mais vous n'buvez point… Ne v'gênez pas… J'en ai cor, allez… Et pis j'faisons point le beurre en c'moment…

– C'est un grand malheur, dis-je.

– Qué qu'vous v'lez! répondit la paysanne. C'est l'bon Dieu qui l'veut, ben sûr.

– Vous n'avez donc personne pour le veiller? interrompit mon compagnon. Et vos enfants?

– Oh! y a pas de danger qu'y s'en aille, le pauv'boun-homme. Et pis les gars sont aux champs, à rentrer les foins. Faut pas qu'la besogne chôme pour ça… Ça n'l'f'rait point r'veni, dites, pis qu'il est mô!»

Nous avions fini de boire notre lait. Après quelques remerciements, nous quittâmes la mère Nicolas, troublés, ne sachant pas s'il fallait admirer ou maudire cette insensibilité du paysan, dans la mort, la mort qui pourtant fait japper douloureusement les chiens dans le chenil vide, et qui met comme un sanglot et comme une plainte au chant des oiseaux, près des nids dévastés.

Jean Léon Gérôme (1824-1904), *Pierre et Jean Gérôme, père et fils de l'artiste, sur le seuil de la maison de campagne* (1866-1867), huile sur toile, musée des Beaux-arts, Rouen.

JORIS-KARL HUYSMANS

La Retraite de monsieur Bougran
(posth.)

I

M. BOUGRAN REGARDAIT ACCABLÉ les fleurs inexactes du tapis.

« Oui, poursuivit, d'un ton paterne[1], le chef de bureau M. Devin, oui, mon cher collaborateur, je vous ai très énergiquement défendu, j'ai tâché de faire revenir le bureau du Personnel sur sa décision, mes efforts ont échoué ; vous êtes, à partir du mois prochain, mis à la retraite pour infirmités résultant de l'exercice de vos fonctions.

– Mais je n'ai pas d'infirmités, je suis valide !

– Sans doute, mais je n'apprendrai rien à un homme qui possède aussi bien que vous la législation sur cette matière ; la loi du 9 juin 183... sur les pensions civiles permet, vous le savez... cette interprétation ; le décret du 9 novembre de la même année, qui porte règlement d'administration publique pour l'exécution de ladite loi, dispose dans l'un de ses articles...

– L'article 30, soupira M. Bougran.

– ... J'allais le dire... que les employés de l'État pourront être mis à la retraite, avant l'âge, pour cause d'invalidité morale, inappréciable aux hommes de l'art. »

M. Bougran n'écoutait plus. D'un œil de bête assommée, il scrutait ce cabinet de chef de bureau où il pénétrait d'habitude sur la pointe des pieds, comme dans une chapelle,

1. Faussement bienveillant.

Nouvelles réalistes et naturalistes 79

Joris-Karl Huysmans

avec respect. Cette pièce sèche et froide, mais familière, lui semblait devenue soudain maussade et bouffie, hostile, avec son papier d'un vert mat à raies veloutées, ses bibliothèques vitrées peintes en chêne et pleines de bulletins des lois, de « recueils des actes administratifs », conservés dans ces reliures spéciales aux Ministères, des reliures en veau jaspé, avec plats en papier couleur bois et tranches jaunes, sa cheminée ornée d'une pendule-borne, de deux flambeaux Empire, son canapé de crin, son tapis à roses en formes de choux, sa table en acajou encombrée de paperasses et de livres et sur laquelle posait un macaron[1] hérissé d'amandes pour sonner les gens, ses fauteuils aux ressorts chagrins[2], son siège de bureau à la canne creusée aux bras, par l'usage, en demi-lune.

Ennuyé de cette scène, M. Devin se leva et se posa, le dos contre la cheminée, dont il éventa, avec les basques[3] de son habit, les cendres.

M. Bougran revint à lui et, d'une voix éteinte, demanda :

« Mon successeur est-il désigné, afin que je puisse le mettre au courant, avant mon départ ?

– Pas que je sache ; je vous serai donc obligé de continuer jusqu'à nouvel ordre votre service. »

Et, pour hâter le départ, M. Devin quitta la cheminée, s'avança doucement vers son employé qui recula vers la porte ; là, M. Devin l'assura de ses profonds regrets, de sa parfaite estime.

M. Bougran rentra dans sa pièce et s'affaissa, anéanti, sur une chaise. Puis il eut l'impression d'un homme qu'on étrangle ; il mit son chapeau et sortit pour respirer un peu d'air. Il marchait dans les rues, et, sans même savoir où il était, il finit par échouer sur un banc, dans un square.

1. Élément de décoration de forme ronde, qui est une sonnette à plusieurs boutons.
2. En mauvais état.
3. Pans.

*La Retraite de
monsieur Bougran*

Ainsi, c'était vrai ; il était mis à la retraite à cinquante ans ! Lui qui s'était dévoué jusqu'à sacrifier ses dimanches, ses jours de fête pour que le travail dont il était chargé ne se ralentît point. Et voilà la reconnaissance qu'on avait de son zèle ! Il eut un moment de colère, rêva d'intenter un recours devant le Conseil d'État, puis, dégrisé, se dit : « je perdrai ma cause et cela me coûtera cher ». Lentement, posément, il repassa dans sa tête les articles de cette loi ; il scrutait les routes de cette prose, tâtait ses passerelles jetées entre chaque article ; au premier abord ces voies semblaient sans danger, bien éclairées et droites, puis, peu à peu, elles se ramifiaient, aboutissaient à des tournants obscurs, à de noires impasses où l'on se cassait subitement les reins.

Oui, le législateur de 1853 a partout ouvert dans un texte indulgent des chausse-trapes[4] ; il a tout prévu, conclut-il ; le cas de la suppression d'emploi qui est un des plus usités pour se débarrasser des gens ; on supprime l'emploi du titulaire, puis on rétablit l'emploi quelques jours après, sous un autre nom, et le tour est joué. Il y a encore les infirmités physiques contractées dans l'exercice des fonctions et vérifiées par la complaisance pressée des médecins ; il y a, enfin – le mode le plus simple, en somme – la soi-disant invalidité morale, pour laquelle il n'est besoin de recourir à aucun praticien, puisqu'un simple rapport, signé par votre Directeur et approuvé par la Direction du Personnel, suffit.

C'est le système le plus humiliant. Être déclaré gâteux ! C'est un peu fort, gémissait M. Bougran.

Puis il réfléchissait. Le Ministre avait sans doute un favori à placer, car les employés ayant réellement droit à leur retraite se faisaient rares. Depuis des années, l'on avait pratiqué de larges coupes dans les bureaux, renouve-

60

70

80

4. Pièges.

Joris-Karl Huysmans

lant tout un vieux personnel dont il était l'un des derniers débris. Et M. Bougran hochait la tête.

De mon temps, disait-il, nous étions consciencieux et remplis de zèle : maintenant tous ces petits jeunes gens, recrutés on ne sait où, n'ont plus la foi. Ils ne creusent aucune affaire, n'étudient à fond aucun texte. Ils ne songent qu'à s'échapper du bureau, bâclent leur travail, n'ont aucun souci de cette langue administrative que les anciens maniaient avec tant d'aisance ; tous écrivent comme s'ils écrivaient leurs propres lettres !

Les chefs mêmes, racolés pour la plupart au dehors, laissés pour compte par des séries de Ministres tombés du pouvoir, n'ont plus cette tenue, tout à la fois amicale et hautaine, qui les distinguait autrefois des gens du commun ; et, oubliant sa propre mésaventure, en une respectueuse vision, il évoqua l'un de ses anciens chefs M. Desrots des Bois, serré dans sa redingote, la boutonnière couverte, comme par le disque d'arrêt des trains, par un énorme rond rouge, le crâne chauve ceint d'un duvet de poule, aux tempes, descendant droit, sans regarder personne, un portefeuille sous le bras, chez le Directeur.

Toutes les têtes s'inclinaient sur son passage. Les employés pouvaient croire que l'importance de cet homme rejaillissait sur eux et ils se découvraient, pour eux-mêmes, plus d'estime.

Dans ce temps-là, tout était à l'avenant, les nuances, maintenant disparues, existaient. Dans les lettres administratives, l'on écrivait en parlant des pétitionnaires : « Monsieur », pour une personne tenant dans la société un rang honorable, « le sieur » pour un homme de moindre marque, « le nommé » pour les artisans et les forçats. Et quelle ingéniosité pour varier le vocabulaire, pour ne pas répéter les mêmes mots ;

La grande machine administrative

Le XIXe siècle voit l'essor sans précédent des bureaux, à Paris et en province. L'univers des ministères est peuplé de figures typiques, qui parlent un langage singulier (le jargon), et obéissent à une hiérarchie toute puissante. Le caractère mécanique, parfois absurde, du fonctionnement bureaucratique et l'oppression des employés sont déjà des lieux communs. ■

La Retraite de monsieur Bougran

on désignait tour à tour le pétitionnaire « le postulant », « le suppliant », « l'impétrant », « le requérant ». Le Préfet devenait, à un autre membre de phrase, « ce haut fonctionnaire » ; la personne dont le nom motivait la lettre se changeait en « cet individu », en « le prénommé », en « le susnommé » ; parlant d'elle-même l'administration se qualifiait tantôt de « centrale » et tantôt de « supérieure », usait sans mesure des synonymes, ajoutait, pour annoncer l'envoi d'une pièce, des « ci-joints », des « ci-inclus », des « sous ce pli ». Partout s'épandaient[1] les protocoles ; les salutations de fins de lettres variaient à l'infini, se dosaient à de justes poids, parcouraient une gamme qui exigeait, des pianistes de bureau, un doigté rare. Ici, s'adressant au sommet des hiérarchies, c'était l'assurance « de la haute considération », puis la considération baissait, de plusieurs crans, devenait, pour les gens n'ayant pas rang de Ministre, « la plus distinguée, la très distinguée, la distinguée, la parfaite », pour aboutir à la considération sans épithète, à celle qui se niait elle-même, car elle représentait simplement le comble du mépris.

Quel employé savait maintenant manipuler ce délicat clavier des fins de lettres, choisir ces révérences très difficiles à tirer souvent, alors qu'il s'agissait de répondre à des gens dont la situation n'avait pas été prévue par les dogmes imparfaitement imposés des protocoles ! Hélas ! les expéditionnaires avaient perdu le sens des formules, ignoraient le jeu habile du compte-gouttes ! – et qu'importait au fond – puisque tout se délitait, tout s'effondrait depuis des ans. Le temps des abominations démocratiques était venu et le titre d'Excellence que les Ministres échangeaient autrefois entre eux avait disparu. L'on s'écrivait d'un Ministère à l'autre, de pair à compagnon, comme des négociants et des

1. S'étendaient.

Nouvelles réalistes et naturalistes 83

bourgeois. Les faveurs mêmes, ces rubans en soie verte ou bleue ou tricolore, qui attachaient les lettres alors qu'elles se composaient de plus de deux feuilles, étaient remplacées par de la ficelle rose, à cinq sous la pelote !

Quelle platitude et quelle déchéance ! Je me sentais bien mal à l'aise dans ces milieux sans dignité authentique et sans tenue, mais... mais... de là, à vouloir les quitter... et, soupirant, M. Bougran revint à sa propre situation, à lui-même.

Mentalement, il supputait la retraite proportionnelle à laquelle il aurait droit : dix-huit cents francs au plus ; avec les petites rentes qu'il tenait de son père, c'était tout juste de quoi vivre. Il est vrai, se dit-il, que ma vieille bonne Eulalie et moi, nous vivons de rien.

Mais, bien plus que la question des ressources personnelles, la question du temps à tuer l'inquiéta. Comment rompre, du jour au lendemain, avec cette habitude d'un bureau vous enfermant dans une pièce toujours la même, pendant d'identiques heures, avec cette coutume d'une conversation échangée, chaque matin, entre Collègues. Sans doute, ces entretiens étaient peu variés ; ils roulaient tous sur le plus ou moins d'avancement qu'on pouvait attendre à la fin de l'année, supputaient de probables retraites, escomptaient même de possibles morts, supposaient d'illusoires gratifications, ne déviaient de ces sujets passionnants que pour s'étendre en d'interminables réflexions sur les événements relatés par le journal. Mais ce manque même d'imprévu était en si parfait accord avec la monotonie des visages, la platitude des plaisanteries, l'uniformité même des pièces !

Puis n'y avait-il pas d'intéressantes discussions dans le bureau du Chef ou du Sous-Chef, sur la marche à imprimer à telle affaire ; par quoi remplacer désormais ces joutes

La Retraite de monsieur Bougran

juridiques, ces apparents litiges, ces gais accords, ces heureuses noises[1]; comment se distraire d'un métier qui vous prenait aux moelles, vous possédait, tout entier, à fond?

Et M. Bougran secouait désespérément la tête, se disant : je suis seul, célibataire, sans parents, sans amis, sans camarades; je n'ai aucune aptitude pour entreprendre des besognes autres que celles qui, pendant vingt ans, me tinrent. Je suis trop vieux pour recommencer une nouvelle vie. Cette constatation le terrifia.

Voyons, reprit-il, en se levant, il faut pourtant que je retourne à mon bureau! – ses jambes vacillaient. Je ne me sens pas bien, si j'allais me coucher? Il se força à marcher, résolu à mourir, s'il le fallait, sur la brèche. Il rejoignit le Ministère et rentra dans sa pièce.

Là, il faillit s'évanouir et pour tout de bon. Il regardait, ahuri, les larmes aux yeux, cette coque qui l'avait, pendant tant d'années, couvert; – quand, doucement, ses Collègues, à la queue leu leu, entrèrent.

Ils avaient guetté la rentrée et les condoléances variaient avec les têtes. Le commis d'ordre, un grand secot[2], à tête de marabout, peluchée de quelques poils incolores sur l'occiput, lui secoua vivement les mains, sans dire mot; il se comportait envers lui comme envers la famille d'un défunt, à la sortie de l'église, devant le corps, après l'absoute[3]. Les expéditionnaires hochaient la tête, témoignaient de leur douleur officielle, en s'inclinant.

Les rédacteurs, ses Collègues, plus intimes avec lui, esquissèrent quelques propos de réconfort.

«Voyons, il faut se faire une raison – et puis, mon cher, songez qu'en somme, vous n'avez ni femme, ni enfants, que vous pourriez être mis à la retraite dans des conditions

1. Disputes.
2. Maigre.
3. À la fin de la cérémonie catholique, geste de pardon des péchés commis par le défunt.

infiniment plus dures, en ayant, comme moi, par exemple, une fille à marier. Estimez-vous donc aussi heureux qu'on peut être en pareil cas.

– Il convient aussi d'envisager dans toute affaire le côté agréable qu'elle peut présenter, fit un autre. Vous allez être libre de vous promener, vous pourrez manger au soleil vos petites rentes.

– Et aller vivre à la campagne où vous serez comme un coq en pâte », ajouta un troisième.

M. Bougran fit doucement observer qu'il était originaire de Paris, qu'il ne connaissait personne en province, qu'il ne se sentait pas le courage de s'exiler, sous prétexte d'économies à réaliser, dans un trou ; tous n'en persistèrent pas moins à lui démontrer qu'en fin de compte, il n'était pas bien à plaindre.

Et comme aucun d'eux n'était menacé par son âge d'un semblable sort, ils exhibaient une résignation de bon aloi, s'indignaient presque de la tristesse de M. Bougran.

L'exemple de la réelle sympathie et du véridique regret, ce fut Baptiste, le garçon de bureau, qui le servit ; l'air onctueux et consterné, il s'offrit à porter lui-même chez M. Bougran les petites affaires, telles que vieux paletot, plumes, crayons, etc., que celui-ci possédait à son bureau, laissa entendre que ce serait ainsi la dernière occasion que M. Bougran aurait de lui donner un bon pourboire.

« Allons, Messieurs, fit le Chef qui entra dans la pièce. Le Directeur demande le portefeuille pour 5 heures. »

Tous se dispersèrent ; et, hennissant comme un vieux cheval, M. Bougran se mit au travail, ne connaissant plus que la consigne, se dépêchant à rattraper le temps qu'il avait, dans ses douloureuses rêveries sur un banc, perdu.

Henry Bonaventure Monnier (1805-1877), *Mœurs administratives* : « Employé »,
estampe, BnF, Paris.

II

Les premiers jours furent lamentables. Réveillé, à la même heure que jadis, il se disait à quoi bon se lever, traînait contrairement à ses habitudes dans son lit, prenait froid, bâillait, finissait par s'habiller. Mais à quoi s'occuper, Seigneur ! Après de mûres délibérations, il se décidait à aller se promener, à errer dans le jardin du Luxembourg qui n'était pas éloigné de la rue de Vaugirard où il habitait.

Mais ces pelouses soigneusement peignées, sans tache de terre ni d'eau, comme repeintes et vernies, chaque matin, dès l'aube ; ces fleurs remontées comme à neuf sur les fils de fer de leurs tiges ; ces arbres gros comme des cannes, toute cette fausse campagne, plantée de statues imbéciles, ne l'égayait guère. Il allait se réfugier au fond du jardin, dans l'ancienne pépinière sur laquelle maintenant tombaient les solennelles ombres des constructions de l'Ecole de Pharmacie et du lycée Louis-le-Grand. La verdure n'y était ni moins apprêtée, ni moins étique[1]. Les gazons y étalaient leurs cheveux coupés ras et verts, les petits arbres y balançaient les plumeaux ennuyés de leurs têtes, mais la torture infligée, dans certaines plates-bandes, aux arbres fruitiers l'arrêtait. Ces arbres n'avaient plus forme d'arbres. On les écartelait le long de tringles, on les faisait ramper le long de fils de fer sur le sol ; on leur déviait les membres dès leur naissance et l'on obtenait ainsi des végétations acrobates et des troncs désarticulés, comme en caoutchouc. Ils couraient, serpentaient ainsi que des couleuvres, s'évasaient en forme de corbeilles, simulaient des ruches d'abeilles, des pyramides, des éventails, des vases à fleurs, des toupets[2] de clown. C'était une vraie cave des tortures végétales que ce

---

1. Très maigre.
2. Petite touffe (de poils, de cheveux).

La Retraite de monsieur Bougran

jardin où, à l'aide de chevalets, de brodequins[3] d'osier ou de fonte, d'appareils en paille, de corsets orthopédiques, des jardiniers herniaires[4] tentaient, non de redresser des tailles déviées comme chez les bandagistes[5] de la race humaine, mais au contraire de les contourner et de les disloquer et de les tordre, suivant un probable idéal japonais de monstres !

Mais quand il avait bien admiré cette façon d'assassiner les arbres, sous le prétexte de leur extirper de meilleurs fruits, il traînait, désœuvré, sans même s'être aperçu que cette chirurgie potagère présentait le plus parfait symbole avec l'administration telle qu'il l'avait pratiquée pendant des ans. Dans les bureaux, comme dans le jardin du Luxembourg, l'on s'ingéniait à démantibuler des choses simples ; l'on prenait un texte de droit administratif dont le sens était limpide, net, et aussitôt, à l'aide de circulaires troubles, à l'aide de précédents sans analogie, et de jurisprudences remontant au temps des Messidors et des Ventôses[6], l'on faisait de ce texte un embrouillamini, une littérature de magot[7], aux phrases grimaçantes, rendant les arrêts les plus opposés à ceux que l'on pouvait prévoir.

Puis, il remontait, allait sur la terrasse du Luxembourg où les arbres semblent moins jeunes, moins fraîchement époussetés, plus vrais. Et il passait entre les chaises, regardant les gamins faire des pâtés avec du sable et de petits seaux, tandis que leurs mères causaient, coude à coude, échangeant d'actives réflexions sur la façon d'apprêter le veau et d'accommoder, pour le déjeuner du matin, les restes.

Et il rentrait, harassé, chez lui, remontait, bâillait, se faisait rabrouer par sa servante Eulalie, qui se plaignait qu'il devînt « bassin[8] », qu'il se crût le droit de venir « trôler[9] » dans sa cuisine.

3. Instrument de torture destiné à obtenir des aveux, qui enserrait fortement les jambes et les pieds de l'accusé entre des planches.
4. Qui a rapport aux hernies : toute forme de protubérance ou d'excroissance d'un organe. Ici : celui qui soigne les hernies, qui les fait rentrer de force.
5. Celui qui fabrique, qui vend des bandages.
6. Mois du calendrier républicain, utilisé de 1792 à 1802.
7. Figurine chinoise.
8. Ennuyeux, agaçant *(argotique)*.
9. Rôder *(argotique)*.

Nouvelles réalistes et naturalistes

Joris-Karl Huysmans

Bientôt l'insomnie s'en mêla ; arraché à ses habitudes, transporté dans une atmosphère d'oisiveté lourde, le corps fonctionnait mal ; l'appétit était perdu ; les nuits jadis si bonnes sous les couvertures s'agitèrent et s'assombrirent, alors que, dans le silence noir, tombaient, au loin, les heures.

Il s'avisa de lire, dans la journée, quand il plut, et alors, fatigué de ses insomnies, il s'endormit ; et la nuit qui suivait ces somnolences devenait plus longue, plus éveillée, encore. Il dut, quand le temps se gâta, se promener quand même, pour se lasser les membres et il échoua dans les musées, – mais aucun tableau ne l'intéressait ; il ne connaissait aucune toile, aucun maître, ambulait lentement, les mains derrière le dos, devant les cadres, s'occupant des gardiens, assoupis sur les banquettes, supputant la retraite qu'eux aussi, en leur qualité d'employés de l'État, ils auraient un jour.

Il se promena, las de couleurs et de statues blanches, dans les passages de Paris, mais il en fut rapidement chassé ; on l'observait ; les mots de mouchard, de roussin, de vieux poirot[1], s'entendirent. Honteux, il fuyait sous l'averse et retournait se cantonner dans son chez-lui.

Et plus poignant que jamais, le souvenir de son bureau l'obséda. Vu de loin, le Ministère lui apparaissait tel qu'un lieu de délices. Il ne se rappelait plus les iniquités subies, son sous-chèfat dérobé par un inconnu entré à la suite d'un Ministre, l'ennui d'un travail mécanique, forcé ; tout l'envers de cette existence de cul-de-jatte s'était évanoui ; la vision demeurait, seule, d'une vie bien assise, douillette, tiède, égayée par des propos de Collègues, par de pauvres plaisanteries, par de minables farces.

« Décidément, il faut aviser », se dit mélancoliquement M. Bougran. Il songea, pendant quelques heures, à cher-

1. Espion pour le compte de la police.

La Retraite de
monsieur Bougran

cher une nouvelle place qui l'occuperait et lui ferait même gagner un peu d'argent ; mais, même en admettant qu'on consentît à prendre dans un magasin un homme de son âge, alors il devrait trimer, du matin au soir et il n'aurait que des appointements ridicules puisqu'il était incapable de rendre de sérieux services, dans un métier dont il ignorait les secrets et les ressources.

Et puis ce serait déchoir ! – Comme beaucoup d'employés du Gouvernement, M. Bougran se croyait, en effet, d'une caste supérieure et méprisait les employés des commerces et des banques. Il admettait même des hiérarchies parmi ses congénères, jugeait l'employé d'un Ministère supérieur à l'employé d'une Préfecture, de même que celui-ci était, à ses yeux, d'un rang plus élevé que le commis employé dans une Mairie.

Alors, que devenir ? Que faire ? Et cette éternelle interrogation restait sans réponse.

De guerre lasse, il retourna à son bureau, sous le prétexte de revoir ses Collègues, mais il fut reçu par eux comme sont reçus les gens qui ne font plus partie d'un groupe – froidement. L'on s'inquiéta d'une façon indifférente de sa santé ; d'aucuns feignirent de l'envier, vantèrent la liberté dont il jouissait, les promenades qu'il devait aimer à faire.

M. Bougran souriait, le cœur gros. Un dernier coup lui fut inconsciemment porté. Il eut la faiblesse de se laisser entraîner dans son ancienne pièce ; il vit l'employé qui le remplaçait, un tout jeune homme ! Une colère le prit contre ce successeur parce qu'il avait changé l'aspect de cette pièce qu'il aimait, déplacé le bureau, poussé les chaises dans un autre coin, mis les cartons dans d'autres cases ; l'encrier était à gauche maintenant et le plumier à droite !

340

350

360

Nouvelles réalistes et naturalistes 91

Joris-Karl Huysmans

Il s'en fut navré. – En route, soudain, une idée germa qui grandit en lui. « Ah ! fit-il, je suis sauvé peut-être », et sa joie fut telle qu'il mangea, en rentrant, de bon appétit, ce soir-là, dormit comme une taupe, se réveilla, guilleret, dès l'aube.

III

Ce projet qui l'avait ragaillardi était facile à réaliser. D'abord M. Bougran courut chez les marchands de papiers de tentures, acquit quelques rouleaux d'un infâme papier couleur de chicorée au lait qu'il fit apposer sur les murs de la plus petite de ses pièces ; puis, il acheta un bureau en sapin peint en noir, surmonté de casiers, une petite table sur laquelle il posa une cuvette ébréchée et un savon à la guimauve dans un vieux verre, un fauteuil canné, en hémicycle, deux chaises. Il fit mettre contre les murailles des casiers de bois blanc qu'il remplit de cartons verts à poignées de cuivre, piqua avec une épingle un calendrier le long de la cheminée dont il fit enlever la glace et sur la tablette de laquelle il entassa des boîtes à fiches, jeta un paillasson, une corbeille sous son bureau et, se reculant un peu, s'écria ravi : « M'y voilà, j'y suis ! »

Sur son bureau, il rangea, dans un ordre méthodique, toute la série de ses porte-plumes et de ses crayons, porteplume en forme de massue, en liège, porte-plume à cuirasses de cuivre emmanchés dans un bâton de palissandre, sentant bon quand on le mâche, crayons noirs, bleus, rouges, pour les annotations et les renvois. Puis il disposa, comme jadis, un encrier en porcelaine, cerclé d'éponges, à la droite de son sous-main, une sébille[1] remplie de sciure de bois à sa gauche ; en face, une grimace contenant sous son couvercle de velours vert, hérissé d'épingles, des pains à cacheter et de la ficelle

1. Petite coupe en bois (pour recueillir l'aumône).

rose. Des dossiers de papier jaunâtre un peu partout ; au-dessus des casiers, les livres nécessaires : *Le Dictionnaire d'Administration* de Bloch, Le Code et les Lois usuelles, le Béquet, le Blanche[2] ; il se trouvait, sans avoir bougé de place, revenu devant son ancien bureau, dans son ancienne pièce.

Il s'assit, radieux, et dès lors revécut les jours d'antan. Il sortait, le matin, comme jadis, et d'un pas actif, ainsi qu'un homme qui veut arriver à l'heure, il filait le long du boulevard Saint-Germain, s'arrêtait à moitié chemin de son ancien bureau, revenait sur ses pas, rentrait chez lui, tirant dans l'escalier sa montre pour vérifier l'heure, et il enlevait la rondelle de carton qui couvrait son encrier, retirait ses manchettes, y substituait des manchettes en gros papier bulle, le papier qui sert à couvrir les dossiers, changeait son habit propre contre la vieille redingote qu'il portait au Ministère, et au travail !

Il s'inventait des questions à traiter, s'adressait des pétitions, répondait, faisait ce qu'on appelle « l'enregistrement », en écrivant sur un gros livre la date des arrivées et des départs. Et, la séance de bureau close, il flânait comme autrefois une heure dans les rues avant que de rentrer pour dîner.

Il eut la chance, les premiers temps, de s'inventer une question analogue à celles qu'il aimait à traiter jadis, mais plus embrouillée, plus chimérique, plus follement niaise. Il peina durement, chercha dans les arrêts du Conseil d'État et de la Cour de Cassation ces arrêts qu'on y trouve, au choix, pour défendre ou soutenir telle ou telle cause. Heureux de patauger dans les chinoiseries juridiques, de tenter d'assortir à sa thèse les ridicules jurisprudences qu'on manie dans tous les sens, il suait sur son papier, recommençant plusieurs fois ses minutes ou ses brouillons, les corrigeant dans la marge laissée blanche sur le papier, comme le faisait

La Retraite de monsieur Bougran

L'exotisme au quotidien

L'image des chinoiseries, des tortures japonaises (voir p. 89) revient à plusieurs reprises pour qualifier l'absurdité des contorsions imposées par l'administration, qui contredit la vie même. Par ailleurs sensible aux arts orientaux, Huysmans reconduit ici les lieux communs de l'époque sur la cruauté et sur l'inutile subtilité orientales, pour montrer le caractère barbare des pratiques bureaucratiques. ■

2. Ensemble de livres de référence : *Entretiens familiers sur l'administration de notre pays,* de Bloch, *Code civil* (de 1804), *Traité de l'État civil et des actes qui s'y rattachent,* de Béquet, *Code formulaire des actes de l'État civil, législation et jurisprudence,* de Blanche.

son Chef, jadis, n'arrivant pas, malgré tout, à se satisfaire, mâchant son porte-plume, se tapant sur le front, étouffant, ouvrant la croisée pour humer de l'air.

Il vécut, pendant un mois, de la sorte; puis un malaise d'âme le prit. Il travaillait jusqu'à 5 heures, mais il se sentait harassé, mécontent de lui-même, distrait de pensées, incapable de s'abstraire, de ne plus songer qu'à ses dossiers. Au fond, il sentait maintenant la comédie qu'il se jouait; il avait bien restitué le milieu de l'ancien bureau, la pièce même. Il la laissait, au besoin, fermée pour qu'elle exhalât cette odeur de poussière et d'encre sèche qui émane des chambres des Ministères, mais le bruit, la conversation, les allées et venues de ses Collègues manquaient. Pas une âme à qui parler. Ce bureau solitaire n'était pas, en somme, un vrai bureau. Il avait beau avoir repris toutes ses habitudes, ce n'était plus cela. – Ah! il aurait donné beaucoup pour pouvoir sonner et voir le garçon de bureau entrer et faire, pendant quelques minutes, la causette.

Et puis… et puis… d'autres trous se creusaient dans le sol factice de cette vie molle; le matin, alors qu'il dépouillait le courrier qu'il s'envoyait la veille, il savait ce que contenaient les enveloppes; il reconnaissait son écriture, le format de l'enveloppe dans laquelle il avait enfermé telle ou telle affaire, et cela lui enlevait toute illusion! Il eut au moins fallu qu'une autre personne fît les suscriptions et usât d'enveloppes qu'il ne connaîtrait point!

Le découragement le prit; il s'ennuya tellement qu'il se donna un congé de quelques jours et erra par les rues.

« Monsieur a mauvaise mine », disait Eulalie en regardant son maître. Et, les mains dans les poches de son tablier, elle ajoutait : « je comprends vraiment pas qu'on se donne tant de mal à travailler, quand ça ne rapporte aucun argent ! »

La Retraite de
monsieur Bougran

Il soupirait et, quand elle sortait, se contemplait dans la glace. C'était pourtant vrai qu'il avait mauvaise mine et comme il était vieilli ! Ses yeux d'un bleu étonné, dolent, ses yeux toujours écarquillés, grand ouverts, se ridaient et les pinceaux de ses sourcils devenaient blancs. Son crâne se dénudait, ses favoris étaient tout gris, sa bouche même soigneusement rasée rentrait sous le menton en vedette ; enfin son petit corps boulot dégonflait, les épaules arquaient, ses vêtements semblaient élargis et plus vieux. Il se voyait ruiné, caduc, écrasé par cet âge de cinquante ans qu'il supportait si allègrement, tant qu'il travaillait dans un vrai bureau.

« Monsieur devrait se purger, reprenait Eulalie quand elle le revoyait. Monsieur s'ennuie, pourquoi donc qu'il irait pas à la pêche ? Il nous rapporterait une friture de Seine, ça le distrairait. »

M. Bougran secouait doucement la tête, et sortait.

Un jour que le hasard d'une promenade l'avait conduit, sans même qu'il s'en fût aperçu, au Jardin des Plantes, son regard fut tout à coup attiré par un mouvement de bras passant près de sa face. Il s'arrêta, se récupéra, vit l'un de ses anciens garçons de bureau qui le saluait.

Il eut un éclair, presqu'un cri de joie.

« Huriot », dit-il. L'autre se retourna, enleva sa casquette, mit une pipe qu'il tenait à la main au port d'armes.

« Eh bien, mon ami, voyons, que devenez-vous ?
– Mais rien, Monsieur Bougran, je bricole, par-ci, par-là, pour gagner quelques sous en plus de ma retraite ; mais, sauf votre respect, je foutimasse[1], car je suis bien plus bon à grand-chose, depuis que mes jambes, elles ne vont plus !
– Écoutez, Huriot, avez-vous encore une de vos tenues de garçon de bureau du Ministère ?

---

1. Terme obscène, argotique : ne rien faire qui vaille.

Joris-Karl Huysmans

De la nouvelle au théâtre

L'insistance sur le costume que va devoir porter Huriot indique le basculement de la nouvelle dans un nouveau registre : celui de la comédie tragique (rétrécissement de l'espace, réduction du nombre de protagonistes, ritualisation des gestes, absurdité sans fin des tâches et des discours). ■

– Mais, Monsieur, oui, j'en ai une vieille que j'use chez moi pour épargner mes vêtements quand je sors.
– Ah ! »

M. Bougran était plongé dans une méditation délicieuse. Le prendre à son service, en habit de bureau, chez lui. Tous les quarts d'heure, il entrerait comme autrefois dans sa pièce en apportant des papiers. Et puis, il pourrait faire le départ, écrire l'adresse sur les enveloppes. Ce serait peut-être le bureau enfin !

« Mon garçon, voici, écoutez-moi bien, reprit M. Bougran. Je vous donne cinquante francs par mois pour venir chez moi, absolument, vous entendez, absolument comme au bureau. Vous aurez en moins les escaliers à monter et à descendre ; mais vous allez raser votre barbe et porter comme jadis des favoris et remettre votre costume. Cela vous va-t-il ?
– Si ça me va ! – et, en hésitant, il cligna de l'œil ; vous allez donc monter un établissement, quelque chose comme une banque, M. Bougran ?
– Non, c'est autre chose que je vous expliquerai quand le moment sera venu ; en attendant voici mon adresse. Arrangez-vous comme vous pourrez, mais venez chez moi, demain, commencer votre travail. »

Et il le quitta et galopa, tout rajeuni, jusque chez lui.

« Bien, voilà comme Monsieur devrait être, tous les jours », dit Eulalie qui l'observait et se demandait quel événement avait pu surgir dans cette vie plate.

Il avait besoin de se débonder[1], d'exhaler sa joie, de parler. Il raconta à la bonne sa rencontre, puis il demeura inquiet et coi devant le regard sévère de cette femme.

« Alors qu'il viendrait, ce Monsieur, pour rien faire, comme ça manger votre argent », dit-elle, d'un ton sec !

---

1. Laisser libre cours à ses sentiments ; épancher son cœur.

La Retraite de monsieur Bougran

« Mais non, mais non, Eulalie, il aura sa tâche, et puis c'est un brave homme, un vieux serviteur bien au courant de son service.

– La belle avance ! tiens pour cinquante francs il serait là à se tourner les pouces, alors que moi qui fais le ménage, qui fais la cuisine, moi qui vous soigne, je ne touche que quarante francs par mois. C'est trop fort, à la fin des fins ! Non, Monsieur Bougran, ça ne peut pas s'arranger comme cela ; prenez ce vieux bureau d'homme et faites-vous frotter vos rhumatismes avec de la flanelle et de ce baume qui pue la peinture, moi, je m'en vais ; c'est pas à mon âge qu'on supporte des traitements pareils !

M. Bougran la regardait atterré.

– Voyons, ma bonne Eulalie, il ne faut pas vous fâcher ainsi, voyons, je vais si vous le voulez augmenter un petit peu vos gages…

– Mes gages ! oh ce n'est pas pour ces cinquante francs que vous m'offrez maintenant par mois, que je me déciderais à rester ; c'est à cause de la manière dont vous agissez avec moi que je veux partir ! »

M. Bougran se fit la réflexion qu'il ne lui avait pas du tout offert des gages de cinquante francs, son intention étant simplement de l'augmenter de cinq francs par mois ; mais devant la figure irritée de la vieille qui déclarait que, malgré tout, elle allait partir, il courba la tête et fit des excuses, essayant de l'amadouer par des gracieusetés et d'obtenir d'elle qu'elle ne fit pas, comme elle l'en menaçait, ses malles.

« Et où que vous le mettrez, pas dans ma cuisine toujours ? demanda Eulalie qui, ayant acquis ce qu'elle voulait, consentit à se détendre.

– Non, dans l'antichambre ; vous n'aurez ni à vous en occuper, ni à le voir ; vous voyez bien, ma fille, qu'il n'y avait pas de quoi vous emporter comme vous l'avez fait !

– Je m'emporte comme je veux et je ne l'envoie pas dire », cria-t-elle, remontant sur ses ergots, décidée à rester, mais à mâter ces semblants de reproches.

Harassé, M. Bougran n'osa plus la regarder quand elle sortit, d'un air insolent et fier, de la pièce.

IV

« Le courrier n'est pas bien fort, ce matin !

– Non, Huriot, nous nous relâchons ; j'ai eu une grosse affaire à traiter, hier, et comme je suis seul, j'ai dû délaisser les questions moins importantes et le service en souffre !

– Nous mollissons, comme disait ce pauvre Monsieur de Pinaudel. Monsieur l'a connu ?

– Oui, mon garçon. Ah ! c'était un homme bien capable. Il n'avait pas son pareil pour rédiger une lettre délicate. Encore un honnête serviteur, qu'on a mis, comme moi, à la retraite, avant l'âge !

– Aussi, faut voir leur administration maintenant, des petits jeunes gens qui songent à leur plaisir, qui n'ont que la tête à ça. Ah ! Monsieur Bougran, les bureaux baissent ! »

M. Bougran eut un soupir. Puis, d'un signe, il congédia le garçon et se remit, au travail.

Ah ! cette langue administrative qu'il fallait soigner ! Ces « exciper de », ces « En réponse à la lettre que vous avez bien voulu m'adresser, j'ai l'honneur de vous faire connaître que », ces « Conformément à l'avis exprimé dans votre dépêche relative à… ». Ces phraséologies coutumières « l'esprit sinon le

La Retraite de
monsieur Bougran

texte de la loi », « sans méconnaître l'importance des considérations que vous invoquez à l'appui de cette thèse… ». Enfin ces formules destinées au Ministère de la Justice où l'on parlait de « l'avis émané de sa Chancellerie ». toutes ces phrases évasives et atténuées, les « j'inclinerais à croire », les « il ne vous échappera pas », les « j'attacherais du prix à », tout ce vocabulaire de tournures remontant au temps de Colbert, donnait un terrible tintouin à M. Bougran.

La tête entre ses poings, il relisait les premières phrases dont il achevait le brouillon. Il était actuellement occupé aux exercices de haute école, plongé dans le pourvoi au Conseil d'État.

Et il ânonnait l'inévitable formule du commencement :
« Monsieur le Président,

La Section du Contentieux m'a transmis, à fins d'avis, un recours formé devant le Conseil d'État par M. un tel, à l'effet de faire annuler pour excès de pouvoirs ma décision en date du… »

Et la seconde phrase :
« Avant d'aborder la discussion des arguments que le pétitionnaire fait valoir à l'appui de sa cause, je rappellerai sommairement les faits qui motivent le présent recours. »

C'est ici que cela devenait difficile. « Il faudrait envelopper cela, ne pas trop s'avancer, murmurait M. Bougran. La réclamation de M. un tel est en droit fondée. Il s'agit de sortir habilement de ce litige, de ruser, de négliger certains points. En somme, j'ai, aux termes de la loi, quarante jours pour répondre, je vais y songer, cuire cela dans ma tête, ne pas défendre le Ministère à l'aveuglette… »
– Voici encore du courrier qui arrive, dit Huriot en apportant deux lettres.

Joris-Karl Huysmans

– Encore ! – ah la journée est dure ! comment, il est déjà 4 heures. – C'est étonnant tout de même, se dit-il, en humant une prise d'air quand le garçon fut sorti, comme ce Huriot pue et l'ail et le vin ! – Tout comme au bureau, ajouta-t-il, satisfait. Et de la poussière partout, jamais il ne balaye toujours comme au bureau. – Est-ce assez nature !

Ce qui était bien naturel aussi, mais dont il ne s'apercevait guère, c'était l'antagonisme croissant d'Eulalie et d'Huriot. Encore qu'elle eût obtenu ses cinquante francs par mois, la bonne ne pouvait s'habituer à ce pochard[1] qui était cependant serviable et doux et dormait, dans l'antichambre, sur une chaise, en attendant que l'employé le sonnât.

« Feignant, disait-elle, en remuant ses casseroles et ses cuivres ; quand on pense que ce vieux bureau[2] ronfle toute la journée, sans rien faire ! »

Et pour témoigner son mécontentement à son maître, elle rata volontairement des sauces, n'ouvrit plus la bouche, ferma violemment les portes.

Timide, M. Bougran baissait le nez, se fermait les oreilles pour ne pas entendre les abominables engueulades qui s'échangeaient entre ses deux domestiques, sur le seuil de la cuisine ; des bribes lui parvenaient cependant où, unis dans une opinion commune, Eulalie et Huriot le traitaient ensemble : de fou, de braque, de vieille bête.

Il en conçut une tristesse qui influa sur son travail. Il ne pouvait plus maintenant s'asseoir en lui-même. Alors qu'il lui eût fallu, pour rédiger ce pourvoi, réunir toute l'attention dont il était capable, il éprouvait une évagation[3] d'esprit absolue ; ses pensées se reportaient à ces scènes de ménage, à l'humeur massacrante d'Eulalie, et comme il tentait de la désarmer par l'implorante douceur de son

1. Ivrogne.
2. Employé de bureau.
3. Divagation, distraction.

regard moutonnier, elle se rebiffait davantage, sûre de le vaincre en frappant fort. Et lui, désespéré, restait, seul, chez lui, le soir, mâchant un exécrable dîner, n'osant se plaindre.

Ces tracas accélérèrent les infirmités de la vieillesse qui pesait maintenant sur lui ; il avait le sang à la tête, étouffait après ses repas, dormait avec des sursauts atroces.

Il eut bientôt du mal à descendre les escaliers et à sortir pour aller à son bureau ; mais il se roidissait, partait quand même le matin, marchait une demi-heure avant que de rentrer chez lui.

Sa pauvre tête vacillait ; quand même, il s'usait sur ce pourvoi commencé et dont il ne parvenait plus à se dépêtrer. Tenacement, alors qu'il se sentait l'esprit plus libre, il piochait encore cette question fictive qu'il s'était posée.

Il la résolut enfin, mais il eut une contention de cerveau telle que son crâne chavira, dans une secousse. Il poussa un cri. Ni Huriot, ni la bonne ne se dérangèrent. Vers le soir, ils le trouvèrent tombé sur la table, la bouche bredouillante, les yeux vides. Ils amenèrent un médecin qui constata l'apoplexie[4] et déclara que le malade était perdu.

M. Bougran mourut dans la nuit, pendant que le garçon et que la bonne s'insultaient et cherchaient réciproquement à s'éloigner pour fouiller les meubles.

Sur le bureau, dans la pièce maintenant déserte, s'étalait la feuille de papier sur laquelle M. Bougran avait, en hâte, se sentant mourir, griffonné les dernières lignes de son pourvoi :

« Pour ces motifs, je ne puis, Monsieur le Président, qu'émettre un avis défavorable sur la suite à donner au recours formé par M. un tel. »

La Retraite de monsieur Bougran

L'effet de comble

Il y a ici un effet de bouclage, et même de comble, à la fin de la nouvelle. Au début de la nouvelle, M. Bougran donnait à sa révolte contre sa mise à la retraite la forme administrative du recours. Il refuse ce recours au fantôme qu'il s'est inventé. De sombre, le fait divers devient ici tragique. ■

4. Arrêt subit, plus ou moins complet, de toutes les fonctions cérébrales provoquant la perte de la connaissance, la paralysie totale ou partielle.

Nouvelles réalistes et naturalistes 101

Angle de la rue Popincourt et de la rue de la Roquette (XIe arrondissement), Paris, vers 1900.

MARCEL SCHWOB

Instantanées
(1891)

IL Y A, RUE DE LA ROQUETTE, deux haies de lumières, et au-
dessous, deux traînées de lueurs perdues dans le brouillard,
double illumination pour une montée sanglante. La brume
rouge s'accroche aux réverbères et s'épand en auréole. Un
carré s'ouvre au milieu des hommes, limité par les formes
noires des sergents de ville ; plus loin des arbres maigres, une
porte sinistrement éclairée, où on sent une voûte ; au fond,
des fenêtres voilées de vapeur, avec des chandelles allumées
– et de la foule encore, ruée en avant sous les piétinements
des chevaux. En face de la porte, un bec de gaz, au bout de la
place, près de cavaliers démontés, à la tête de leurs chevaux,
enveloppés de manteaux ; et la flamme éclaire vaguement ce
qui semble deux piliers de cuivre rouge, ronds, surmontés
d'une boule brillante, avec au-dessous une tache pâle.

Ceci est dans un rectangle de barrières où s'appuient
des rangées d'hommes ; et, près de la machine, des ombres
s'agitent. Deux fourgons étranges, percés d'œils-de-bœuf[1] et
de fenêtres carrées, l'un contre l'autre en travers ; l'un a voi-
turé le couperet, l'autre va voiturer l'homme. Puis des bras
dressés, les points rouges des cigares, des collets de fourrure
éparpillés çà et là. Tout est plongé dans une nuit humide.

Tombant du ciel, une lumière grise s'étend graduelle-
ment, dessine une ligne de faîte aux toits, des figures blêmes
aux gens, découpe les barrières, enlève les gendarmes col-
lés à leurs chevaux comme des ombres, pétrit le relief des
fourgons, creuse les enfoncées des portes, fabrique avec les

1. Petites lucarnes rondes.

piliers de cuivre des rainures larges, avec la tache pâle un outil triangulaire luisant coiffé d'un bloc sombre piqué de trois points blancs, avec la boule brillante une poulie d'où tombe une corde, crée autour de cela des montants sanguinolents, montre près de terre une planche oblique et deux demi-lunes écartées. Les gendarmes montent à cheval. Les sergents de ville se tassent. On voit errer les pompons rouges des gardes municipaux.

« Sabre… main ! » Les rayons blancs jaillissent d'un cliquetis de fourreaux, la porte tourne sur ses gonds, et l'homme apparaît, livide, entre deux taches noires. Chauve, le crâne poli, la face rasée, les coins de la bouche enfoncés comme ceux des vieillards de maison centrale, la chemise largement découpée, une veste brune sur les épaules, il marche hardiment ; et ses yeux vifs, inquiets, scrutateurs, parcourent tous les visages ; sa figure se tourne vers toutes les figures avec un mouvement composite qui semble fait de mille tremblements. Ses lèvres sont agitées ; on dit qu'elles marmottent : « La guillotine ! la guillotine ! » Puis, la tête inclinée, les yeux perçants fixés droit sur la ligne de la bascule, il avance comme une bête qui tire la charrue. Soudain, il heurte la planche, et de sa gorge s'élève une voix grêle, aigre, comme un tintement fêlé, avec une note montante, aiguë, sur le mot *assassin* deux fois répété.

Un battement sourd ; une manche de redingote avec la marque blanche de la main sur le montant gauche de la guillotine ; un choc flou ; une poussée de gens vers la fontaine sanglante qui doit gicler ; le panier brun luisant jeté dans un des fourgons ; trente secondes à tout cela depuis la porte de la prison.

Instantanées

Et, par la rue de la Roquette, roulant à fond de train, la voiture de l'abbé Faure en tête, puis deux gendarmes, le fourgon dévale, trois gendarmes en queue ; sur les trottoirs, les mauvaises figures sont massées, tournées vers la chevauchée, avec des filles en cheveux[1] qui ricanent. Les trois gendarmes, reîtres[2] de la guillotine, trottent vers l'avenue de Choisy, le bicorne penché en avant, laissant voler au vent le pan du manteau, avec ses retroussis rouges – jusqu'au champ des navets, au nouveau cimetière d'Ivry. Un trou oblong, creusé dans la terre glaise, des tas de boue jaune, gluante, rejetés autour, bâille parmi l'ivraie[3] verte : sur la crête du mur, jambe de-ci de-là, une rangée d'êtres humains, coiffés de casquettes, attendent le panier.

Le fourgon s'arrête ; on tire le corbillard d'osier brun ; on pose dans une boîte de bois blanc un homme sans tête, qui a les mains nouées, pâles comme de la cire transparente, avec l'intérieur tourné en dehors ; on ajuste une tête, la figure levée vers la lumière, exsangue, les yeux fermés, avec des meurtrissures noires, un caillot sombre au nez, un autre au menton. Cette tête est plantée contre un dos, sur lequel s'ouvrent des mains ; et lorsqu'on cherche la pointe des pieds, on trouve les talons. Il y a là-dessus des flaques de sciure.

Des hommes clouent sur la boîte un couvercle de bois blanc, aux arêtes vives ; il y a de l'horreur à se rappeler les caisses de biscuits, et sur ce sapin on lit en lettres noires maculées : Prix : 8 francs. Le coffre dans le trou, on y jette de la terre glaise ; c'est fini.

Les sous-aides du bourreau vont boire en face une bouteille de vin blanc ; il y a là un jeune homme qui a des yeux de velours, des mains rouges, un air froid et modeste, et qui a monté la guillotine. Il y a les conducteurs du fourgon,

1. Sans chapeau, signe de déchéance sociale.
2. Cavaliers lourdement armés (terme qui connote la violence et la férocité).
3. Mauvaise herbe particulièrement nuisible. Au sens figuré, réalité maléfique, nuisible.

Marcel Schwob

que rien n'étonne plus. Il y a un gros homme, avec un dolman d'astrakan[1] de laine noire, qui soulève depuis vingt-six ans les têtes des décapités ; et quand on lui demande si, le couteau tombé, il y a de la vie dans ces membres, il y a du sentiment dans ces têtes, il fait gondoler du doigt l'enveloppe bleue d'un paquet de biscuits, et dit : « Je ne sais pas ; je n'ai jamais rien vu remuer : dans les grands froids la peau de la tête, le cuir chevelu, se trémousse comme ça… »

1. Veste militaire garnie de fourrure luxueuse.

Félix Vallotton (1865-1925), *L'Exécution : un homme entraîné avec résistance vers le lieu de l'exécution*, gravure, XIXe siècle.

Nouvelles réalistes et naturalistes

« *Le réalisme est un art étonnant d'imposer par les mots la présence des choses les plus communes.* »
Albert Thibaudet

Relire...
Nouvelles réalistes et naturalistes

anthologie

Testez votre lecture

Les Trouvailles de M. Bretoncel, de Champfleury

1 Quelle est la passion de M. Bretoncel ?

2 Quels sont les prétextes invoqués par le paysan pour obliger M. Bretoncel à faire des détours coûteux ?

Le Chômage, de Zola

3 Les personnages ont-ils un nom ? Pourquoi, selon vous ?

4 Quelles sont les diverses solutions envisagées par les personnages de la nouvelle pour survivre ?

Miss Harriet, de Maupassant

5 Qui est le narrateur de cette histoire ? Quels sont ses liens avec les autres personnages ?

6 Pourquoi Miss Harriet est-elle surnommée la « démoniaque » ?

7 Qu'est-ce qui cause la mort de Miss Harriet ?

Rosalie Prudent, de Maupassant

8 Quelle est la condition sociale de Rosalie ?

9 Quel est le détail, dans son récit, qui émeut la cour d'assises au point de lui faire prononcer l'acquittement ?

Testez votre lecture

Les Servantes, de Banville

10 Quelle est la nature des relations de Rosalie et de Mme Henriette ?

11 De quel chantage Suzanne menace-t-elle Rosalie ?

12 Comment meurt Rosalie ?

Le Père Nicolas, de Mirbeau

13 Comment sa femme réagit-elle à la mort du père Nicolas ?

14 Quel contraste s'établit entre la mère Nicolas et ses visiteurs ?

La Retraite de M. Bougran, de Huysmans

15 Quelle était la profession de M. Bougran ?

16 Pourquoi est-il mis à la retraite ?

17 Pourquoi M. Bougran recrute-t-il un ancien garçon de bureau ?

Instantanées, de Schwob

18 De quel « spectacle » s'agit-il ici ?

Structure des œuvres

Titre de la nouvelle	Structure cadre et exposition	Crise : développement graduel du drame	Forme de la clôture
1. Structure de crise			
Le Chômage	Scène du licenciement	Chez l'ouvrier et dans la rue : détresse de la famille (l'homme, la femme, l'enfant)	Mot de la fin, prononcé par l'enfant
Rosalie Prudent	Scène judiciaire ; un infanticide inexplicable : forme du mystère	Longue explication de Rosalie Prudent, organisée dans l'ordre chronologique (séduction, grossesse, accouchement, découverte des jumeaux)	Triple clôture : détail naturaliste et scabreux (lieu où sont enterrés les petits cadavres) ; émotion partagée ; sentence du tribunal
Le Père Nicolas	Scène bucolique ; hasard de la promenade	Présence du mort, explications sans états d'âme de la veuve	Réflexions hésitantes du narrateur sur la mort
Instantanées	Exposition : effet de décor et de personnages	Ellipse de l'exécution, gros plan sur une série de choses vues	Mot de la fin, indécidable
2. Structure à péripéties			
Les Trouvailles de M. Bretoncel	Présentation du personnage comme un type : collectionneur maniaque	Rencontre du paysan, puis série de manœuvres pour exploiter la crédulité du collectionneur	Fin de la quête : l'objet désiré n'est qu'un objet sans valeur

112 Relire

Structure des œuvres

Titre de la nouvelle	Structure cadre et exposition	Crise : développement graduel du drame	Forme de la clôture
Miss Harriet	Récit fait par un narrateur secondaire à un public captif, dans une voiture en marche	Installation d'un jeune peintre à la campagne ; rencontre d'une Anglaise excentrique ; évolution de leurs rapports ; révélation des sentiments de Miss Harriet ; désillusion ; découverte de son corps	Double clôture : • le récit du vieux peintre se clôt sur le baiser tragique à la morte • la nouvelle se clôt sur l'évocation des émotions des auditeurs dans la voiture
Les Servantes	Double exposition : • situation de la mal-mariée (Mme Simonat) • infortune paradoxale (Rosalie, la bonne servante maîtresse du mari)	Péripéties et effets de redoublement : mort de Mme Simonat, Rosalie maîtresse de maison dévouée ; mais existence d'une autre maîtresse, Suzanne, qui refuse de partir ; chantage ; mort de Rosalie à cause de son dévouement ; triomphe prudent de Suzanne	Suspension de la conclusion ; suggestion d'une logique du redoublement
La Retraite de M. Bougran	Exposition : début d'une descente aux Enfers, le licenciement et le cadre bureaucratique	Péripéties : expédients trouvés par M. Bougran pour compenser l'absence de travail, puis pour le recréer	Structure du comble et effet de bouclage : M. Bougran meurt, écrivant sa propre condamnation bureaucratique

Nouvelles réalistes et naturalistes

Pause lecture 1 — Comment lancer la dynamique d'une nouvelle ?

Les Trouvailles de M. Bretoncel (l. 1 à 65)

Retour au texte

1 · Relevez tous les éléments qui contribuent à présenter le personnage principal : à quelle catégorie appartient-il ?

2 · Quels sont les personnages en présence ? Quel est leur rôle respectif ?

Interprétations

Un type de maniaque

3 · Comment sont construits les trois premiers paragraphes ? Comment le texte progresse-t-il ?

4 · Quels sont les éléments qui définissent la manie du personnage ?

Tel sera pris qui croyait prendre

5 · Comment est caractérisé le cabaret où se déroule la scène ?

6 · Pourquoi chacun se croit-il plus malin que l'autre ?

Ironie et connivence

7 · Comment ce début de nouvelle annonce-t-il le déroulement de toute la nouvelle ?

8 · Par quels moyens le narrateur suggère-t-il l'obsession de son personnage ?

9 · Quelle vision de la nature humaine se dégage de ce texte ?

Et vous ?

Lecture critique

Lisez le texte de Baudelaire, page ci-contre : après avoir lu la nouvelle dans son ensemble, trouvez-vous que ce début correspond à cet idéal de « l'unité de l'effet » ?

Vers l'oral du bac

1 **Question sur l'extrait étudié** – Comment cet extrait ancre-t-il la nouvelle dans un registre comique ?

2 **Question sur un autre extrait** – En quoi la chute du texte (p. 25) répond-elle parfaitement à ce début ?

114 Relire

Pause lecture 1

Texte • Charles Baudelaire, « Notes nouvelles sur Edgar Poe », 1857

Au détour d'une étude critique des récits de Poe, Baudelaire propose une analyse théorique du genre de la nouvelle, en faisant de la contrainte formelle le ressort même de son efficacité.

[La nouvelle] a sur le roman à vastes proportions cet immense avantage que sa brièveté ajoute à l'intensité de l'effet. Cette lecture, qui peut être accomplie tout d'une haleine, laisse dans l'esprit un souvenir bien plus puissant qu'une lecture brisée, interrompue souvent par le tracas des affaires et le soin des intérêts mondains. L'unité d'impression, la totalité d'effet est un avantage immense qui peut donner à ce genre de composition une supériorité tout à fait particulière, à ce point qu'une nouvelle trop courte (c'est sans doute un défaut) vaut encore mieux qu'une nouvelle trop longue. L'artiste, s'il est habile, n'accommodera pas ses pensées aux incidents, mais, ayant conçu délibérément, à loisir, un effet à produire, inventera les incidents, combinera les événements les plus propres à amener l'effet voulu. Si la première phrase n'est pas écrite en vue de préparer cette impression finale, l'œuvre est manquée dès le début. Dans la composition tout entière, il ne doit pas se glisser un seul mot qui ne soit une intention, qui ne tende, directement ou indirectement, à parfaire le dessein prémédité.

Pause lecture 2

Comment une description peut-elle dévoiler les secrets d'un cœur ou d'une société ?

> *Miss Harriet* (l. 334 à 369, p. 44-45)
> *La Retraite de M. Bougran* (l. 248 à 289, p. 88-89)

Retour au texte

1 · Qui regarde ces deux paysages ?

2 · Ces descriptions sont-elles objectives ? Justifiez votre réponse.

Interprétations

Miss Harriet : le paysage d'une âme

3 · Comment la description du paysage est-elle structurée ?

4 · Par quels moyens stylistiques l'émotion est-elle rendue ?

5 · De quelle sensualité s'agit-il vraiment ?

La Retraite de M. Bougran : le jardin dénaturé

6 · Comment est filée la métaphore de la torture ? Comment est construite l'analogie entre la nature et la société ?

7 · Le regard de M. Bougran est-il lucide ?

Analogies, symboles et significations

8 · La portée symbolique de ces descriptions est-elle la même dans les deux cas ?

9 · Peut-on dire que ces deux descriptions anticipent sur la suite ? Ou permettent-elles d'intensifier des suggestions déjà présentes ? Justifiez votre réponse en vous appuyant sur le texte 1 ci-contre.

10 · Comment coexistent le regard des personnages sur ce qui les entoure, et le regard du narrateur ? Comparez avec le texte de Zola, et discutez les propositions de Delacroix (page ci-contre et p. 118).

Et vous ?

Expression orale

Lisez les deux extraits à voix haute, en variant les inflexions (ironique, passionnée, dramatique...). Quel registre convient le mieux pour chacun ?

Vers l'oral du bac

1 **Question sur l'extrait de *La Retraite de M. Bougran*** – Comment la figure de l'analogie permet-elle la mise en accusation de la bureaucratie ?

2 **Question sur l'ensemble de la nouvelle** – Pourquoi M. Bougran est-il à la fois dupe et acteur du système qui finit par l'écraser ?

116 Relire

> **Pause lecture 2**

Texte 1 • Gérard Gengembre, *Réalisme et naturalisme*, 1997

L'universitaire G. Gengembre explique les enjeux de la description dans le récit naturaliste, qui dépassent largement la production d'un effet de réel.

Tendant à envahir le champ du récit, la description peut en tenir lieu en renvoyant à l'état d'âme du personnage qui voit ce qui est décrit. La fonction symbolique est évidemment présente, mais elle se double d'un phénomène de substitution : le paysage ou la « chose » racontent le personnage qui les voient.

© Seuil, « Mémo », 1997, p. 83.

Texte 2 • Eugène Delacroix, *Journal*, 1er septembre 1859

Le peintre évoque l'importance du regard porté sur le monde, pour contester l'idée même d'un réalisme qui se voudrait objectif.

Devant la nature elle-même, c'est notre imagination qui fait le tableau : nous ne voyons ni les brins d'herbe dans un paysage, ni les accidents de la peau dans un joli visage. Notre œil, dans l'heureuse impuissance d'apercevoir ces infinis détails, ne fait parvenir à notre esprit que ce qu'il faut qu'il perçoive ; ce dernier fait encore, à notre insu, un travail particulier ; il ne tient pas compte de tout ce que l'œil lui présente ; il rattache à d'autres impressions antérieures celles qu'il éprouve et sa jouissance dépend de sa disposition présente. Cela est si vrai que la même vue ne produit pas le même effet, saisie sous des aspects différents.

Pause lecture 2

Texte 3 • Émile Zola, *L'Assommoir*, 1876

L'héroïne du roman erre dans Paris : le spectacle qu'elle découvre annonce sa déchéance proche dans la débauche et l'alcoolisme.

Gervaise reprit lentement sa marche. Dans le brouillard d'ombre fumeuse qui tombait, les becs de gaz s'allumaient ; et ces longues avenues, peu à peu noyées et devenues noires, reparaissaient toutes braisillantes, s'allongeant encore et coupant la nuit, jusqu'aux ténèbres perdues de l'horizon. Un grand souffle passait, le quartier élargi enfonçait des cordons de petites flammes sous le ciel immense et sans lune. C'était l'heure, où, d'un à l'autre des boulevards, les marchands de vin, les bastringues, les bousingots[1], à la file, flambaient gaiement dans la rigolade des premières tournées et du premier chahut. La paie de grande quinzaine emplissait le trottoir d'une bousculade de gouapeurs tirant une bordée[2]. Ça sentait dans l'air la noce, une sacrée noce, mais gentille encore, un commencement d'allumage, rien de plus. On s'empiffrait au fond des gargotes ; par toutes les vitres éclairées, on voyait des gens manger, la bouche pleine, riant sans même prendre la peine d'avaler. [...] Les portes battaient, lâchant des odeurs de vin et des bouffées de cornet à pistons. On faisait la queue devant l'Assommoir du père Colombe, allumé comme une cathédrale pour une grand-messe…

1. Bals populaires et cabarets mal famés.
2. Vauriens fêtards.

Pause lecture 3 Finir ou ne pas finir ?

Les Servantes (l. 148 à fin, p. 70-71)

Retour au texte

1 · Quel est le rôle de Pierre Mabru dans la querelle des deux servantes ?

2 · Quel est finalement le sort de chacun des personnages de la nouvelle ?

Interprétations

Finir à toute allure

3 · Comment est composée cette dernière partie de la nouvelle ?

4 · Quels sont les temps verbaux employés ? D'où vient l'impression de vitesse du récit ?

La forme d'une vie

5 · Quels sont les éléments qui permettent de caractériser la personnalité de Suzanne ?

6 · Par quels procédés le narrateur semble-t-il se dégager de toute responsabilité à la fin de son récit ?

7 · Recherchez ce que signifie « ironie tragique ». Est-on dans ce cas, ici ? Justifiez.

Structures complexes et effets de bouclage ironiques

8 · Montrez les ressemblances et les différences entre les diverses épouses et maîtresses : y a-t-il une évolution ?

9 · Quelle vision des rapports humains se dégage de ce texte ?

10 · Selon vous, est-ce une fin optimiste ou pessimiste pour la nouvelle ? Justifiez votre réponse. Quels sont les points de ressemblance avec la fin de *Madame Bovary* (page 120) ?

Et vous ?

Expression écrite

En tenant compte du caractère de Suzanne, imaginez un dialogue entre elle et une jeune servante qui vient d'entrer au service de la maison, au cours duquel elle lui prodigue ses avertissements.

Vers l'oral du bac

1 **Question sur l'extrait étudié** – Cette fin de nouvelle produit-elle un effet de chute ou de surprise ? Comment ?

2 **Question sur un autre extrait** – Dans la présentation de Mme Simonat comme mal-mariée, comment perçoit-on l'ironie du narrateur ?

Nouvelles réalistes et naturalistes | 119

Pause lecture 3

Texte • Gustave Flaubert, *Madame Bovary*, 1857

Bien après le suicide d'Emma, Charles Bovary découvre la preuve de ses infidélités. Accablé de douleur, il ne voit que la « destinée » à accuser, quand il rencontre l'amant de sa femme. Mais c'est le dernier coup qui va l'emporter.

Le lendemain, Charles alla s'asseoir sur le banc, dans la tonnelle. Des jours passaient par le treillis ; les feuilles de vigne dessinaient leurs ombres sur le sable, le jasmin embaumait, le ciel était bleu, des cantharides bourdonnaient autour des lis en fleur, et Charles suffoquait comme un adolescent sous les vagues effluves amoureux qui gonflaient son cœur chagrin.

À sept heures, la petite Berthe, qui ne l'avait pas vu de toute l'après-midi, vint le chercher pour dîner.

Il avait la tête renversée contre le mur, les yeux clos, la bouche ouverte, et tenait dans ses mains une longue mèche de cheveux noirs.

« Papa, viens donc ! » dit-elle.

Et, croyant qu'il voulait jouer, elle le poussa doucement. Il tomba par terre. Il était mort.

Trente-six heures après, sur la demande de l'apothicaire, M. Canivet accourut. Il l'ouvrit et ne trouva rien.

Quand tout fut vendu, il resta douze francs soixante et quinze centimes qui servirent à payer le voyage de mademoiselle Bovary chez sa grand-mère. La bonne femme mourut dans l'année même ; le père Rouault étant paralysé, ce fut une tante qui s'en chargea. Elle est pauvre et l'envoie, pour gagner sa vie, dans une filature de coton.

Depuis la mort de Bovary, trois médecins se sont succédé à Yonville sans pouvoir y réussir, tant M. Homais les a tout de suite battus en brèche. Il fait une clientèle d'enfer ; l'autorité le ménage et l'opinion publique le protège.

Il vient de recevoir la croix d'honneur.

Pause lecture 4 Écrire le réel tout contre le fantasme ?

Instantanées (l. 35 à 83, p. 104-105)

Retour au texte

1 · Quel événement précis est évoqué ici ?

2 · Quel moment fait l'objet d'une ellipse dans ce texte ?

Interprétations

Le choc des images

3 · À quel temps est écrit tout le passage ? Quel est l'effet produit ?

4 · Relevez tous les adjectifs du texte : quelles sensations restituent-ils ?

5 · Dégagez les dénotations et les connotations attachées à tous les éléments du décor : quelle est l'ambiance de cette scène ?

Le refus de l'analyse

6 · Peut-on dire qu'il n'y a finalement rien à voir, malgré les détails ? Justifiez votre réponse.

7 · Analysez l'enchaînement des phrases et des paragraphes. Quel est le rythme du texte ?

8 · Qui sont les acteurs de la scène ? Quelle responsabilité semblent-ils avoir ?

Fantasme, complaisance ou regard critique ?

9 · Quelle est la position du narrateur dans ce texte ? Quelle est la différence avec le texte de Victor Hugo (p. 123) et quel effet cela produit-il ?

10 · Le dessin de Victor Hugo (p. 122) vous paraît-il en être une bonne illustration ? Justifiez votre réponse.

Et vous ?

Expression écrite

Écrivez un article de presse polémique décrivant les modalités de l'exécution, en insistant sur l'horreur de la violence commise.

Vers l'oral du bac

1 **Question sur l'extrait étudié** – En quoi peut-on dire que ce texte est réaliste ?

2 **Question sur un autre extrait** – Quel effet produit le mot de la fin, prononcé par l'aide du bourreau ? Pourquoi ?

Nouvelles réalistes et naturalistes 121

Pause lecture 4

Document 1 • Victor Hugo, *Justitia*, encre, 1857

La guillotine a fait naître toutes sortes de fantasmes. Le spectacle des têtes coupées a toujours fasciné, au-delà de toute réflexion sur la légitimité de la peine capitale.

Maison de Victor Hugo, Paris.

| Pause lecture 4 |

Document 2 • Victor Hugo,
Le Dernier Jour d'un condamné, 1829

Le condamné est conduit, dans une charrette, à proximité de la guillotine.

J'ai voulu regarder autour de moi. Gendarmes devant, gendarmes derrière ; puis de la foule, de la foule, et de la foule ; une mer de têtes sur la place.

Un piquet de gendarmerie à cheval m'attendait à la porte de la grille du Palais.

L'officier a donné l'ordre. La charrette et son cortège se sont mis en mouvement, comme poussés en avant par un hurlement de la populace.

On a franchi la grille. Au moment où la charrette a tourné vers le Pont-au-Change, la place a éclaté en bruit, du pavé aux toits, et les ponts et les quais ont répondu à faire un tremblement de terre.

C'est là que le piquet qui attendait s'est rallié à l'escorte. – Chapeaux bas ! chapeaux bas ! criaient mille bouches ensemble. Comme pour le roi.

Alors j'ai ri horriblement aussi, moi, et j'ai dit au prêtre :

– Eux les chapeaux, moi la tête.

Nouvelles réalistes et naturalistes

Analyse d'images

Photographier, est-ce recomposer le réel ?

Dossier central images en couleurs

Retour aux images

1 · Caractérisez rapidement les quatre scènes photographiées.

2 · Qu'est-ce qui distingue la photographie de Nadar jeune des autres ?

Interprétations

Enregistrer le réel ?

3 · Dans chacune de ces photographies, quels sont les éléments qui ancrent la scène dans le réel (objet, arrière-plan...) ?

4 · Quel rapport contrasté à la modernité engagent-elles, dans le choix de leur sujet ?

Mises en scène

5 · Comment la distance à l'égard de la chose vue est-elle suggérée chez Nadar jeune et Rivière ?

6 · Comment les photographies de Famin et d'Atget dépassent-elles la simple archive photographique ? Analysez en particulier les effets de cadrage et de contraste.

Interroger le rapport à la parole et à l'écriture

7 · Faites des recherches sur les tableaux représentant des peintres peignant. Y a-t-il chez Nadar jeune ce même jeu de reflet ? Que connote la figure du Pierrot ?

8 · Cette photographie vous semble-t-elle annoncer la fin d'un certain type de représentation (parole, geste, corps vivant, imaginaire...) ?

9 · Quel rapport à la parole suggèrent les autres photographies ?

Et vous ?

Expression écrite

« Moins de finesse, plus d'effet ; moins de détails, plus de perspective aérienne ; moins épure, plus tableau ; moins de machine, plus d'art. » (*Art du photographe*, 1860)

À partir de ces propos d'Henri de La Blanchère, vous écrirez un article de presse pour défendre l'idée que la photographie est un grand art moderne, en utilisant les quatre photographies étudiées comme exemples.

Analyse d'images

 I

 II

 III

 IV

Nadar jeune, *Pierrot photographe*, 1854

Cette photographie d'Adrien Tournachon (1825-1903), le jeune frère du grand Nadar, fait partie d'une série de quinze portraits de l'acteur Charles Debureau, ici dans le rôle de Pierrot photographe. Elle a été exposée à l'Exposition universelle de 1855 et a obtenu un prix. Pierrot est une figure muette, en noir et blanc, destinée à être regardée – comme la photographie.

Henri Rivière (1864-1951), *Peintre sur une corde à nœuds*, 1889

Dessinateur connu, Rivière a également pratiqué la photographie, en particulier pour une série de clichés sur la tour Eiffel. Cette photographie instantanée a été prise depuis le monument lui-même, en contre-plongée. L'homme photographié semble exhiber son aisance ; mais la composition fait la part belle à l'architecture de la tour Eiffel.

Eugène Atget (1857-1927), *Joueur d'orgue de barbarie avec femme*, 1899

Cette photographie appartient à la série « Paris Pittoresque » qu'Atget réalise à la toute fin des années 1890. Son projet est d'abord documentaire : il cherche à constituer une archive photographique des petits métiers, des rues, des escaliers de Paris. Le joueur d'orgue incarne l'un de ces métiers en voie de disparition, jouant un rôle pourtant essentiel de diffusion des informations.

Constant Alexandre Famin (1827-1888), *Deux enfants de la campagne*, 1859

Peintre lui-même, Famin photographie le monde rural. Si ces clichés fournissent une documentation pour les peintres, leur composition semble en retour influencée par les grands tableaux réalistes. Cette photographie s'approche très près du tableau de genre, s'attachant à la posture des corps dans un décor familier plutôt qu'à l'expression individuelle du visage.

Nouvelles réalistes et naturalistes

Lecture transversale 1

Comment restituer les voix populaires ?

Retour au texte

1 · Identifiez toutes les figures du petit peuple dans l'ensemble des nouvelles.

2 · Comment leurs paroles sont-elles rapportées ?

Interprétations

Les classes populaires ont aussi leurs drames

3 · Que doivent affronter les personnages populaires dans les diverses nouvelles ?

4 · Quelle expérience de l'amour font les personnages féminins ?

5 · Quel rôle joue la mort dans les nouvelles ?

À la recherche des voix du peuple

6 · À quoi reconnaît-on une voix « populaire » dans ces nouvelles ?

7 · Dans la nouvelle de Zola, quel effet produit le choix de faire varier les points de vue ?

Montrez les variations stylistiques qui donnent « corps » à chaque voix.

8 · Expliquez la distinction que propose Ch. Bruneau (texte 1, page ci-contre). Selon vous, quelle est la nature de la langue « populaire » qui se dégage de ces nouvelles ?

Quel regard sur le peuple ?

9 · Dans quelles nouvelles a-t-on le sentiment de découvrir un autre monde, d'autres formes de sensibilités ? Comment comprenez-vous les mots de Goncourt (texte 2, p. 127-128), qui voit dans « le bas » la possibilité de trouver un nouvel exotisme ?

10 · Recherchez ce qu'est le vaudeville. Quel est le reproche adressé par F. Brunetière (texte 3, p. 128-129) au naturalisme français, par rapport au peuple qu'il évoque ? Les nouvelles du recueil vous paraissent-elles le mériter ?

Lecture transversale 1

Texte 1 • Charles Bruneau, « La Langue populaire », 1956

Le linguiste Charles Bruneau analyse l'histoire et les formes de la représentation de la langue populaire dans la littérature française : patois, argot, formes orales, familières, fautives. Le choix des formes de cette langue populaire réinventée par la littérature renvoie à un certain type de rapport au peuple. L'auteur évoque ici George Sand et le réalisme du XIXᵉ siècle.

Après plusieurs tentatives, dont chacune marque un réel progrès, George Sand renonça à son rêve : créer un langage intelligible au lecteur parisien placé à sa droite, tout en exprimant fidèlement l'âme et la pensée du Berrichon placé à sa gauche. Mais elle avait donné la théorie – sinon le modèle – d'un français « populaire » au sens nouveau du mot, d'un français capable d'exprimer ou de suggérer, sans les trahir, les émotions, les sentiments et la pensée du « peuple ».

Dès lors, l'adjectif « populaire » présente deux significations différentes. Il existe une langue populaire, souvent plaisante, qui, dans la bouche de personnages modestes, fait contraste avec le parler soigné de l'écrivain. D'autres écrivains, au contraire, harmonisent leur propre langue avec le parler populaire de leurs personnages ; ils s'efforcent d'évoquer l'âme populaire.

In *Cahiers de l'Association internationale des études françaises*,
© Association internationale des études françaises.

Texte 2 • Edmond de Goncourt, *Journal*, 3 décembre 1871

L'écrivain E. de Goncourt réfléchit ici sur l'objet du récit naturaliste, bien plus important que tous les aspects techniques de l'écriture. Il défend le choix des figures basses, des milieux sordides, à la fois pour donner de la force au roman (sens et style), et pour satisfaire la curiosité propre du bourgeois.

La composition, la fabulation, l'écriture d'un roman, belle affaire ! Le dur, le pénible, c'est le métier d'agent de police et de mouchard qu'il faut faire, pour

Lecture transversale 1

ramasser – et cela la plupart du temps dans des milieux répugnants – la vérité vraie avec laquelle se compose l'histoire contemporaine.

Mais pourquoi, me dira-t-on, choisir ces milieux ? Parce que c'est dans le bas, que dans l'effacement d'une civilisation, se conserve le caractère des choses, des personnes, de la langue, de tout, et qu'un peintre a mille fois plus de chance de faire une œuvre ayant du *style*, d'une fille crottée de la rue Saint-Honoré que d'une lorette de Bréda[1].

Pourquoi encore ? Peut-être parce que je suis un littérateur bien né, et le peuple, la canaille si vous voulez, a pour moi l'attrait de populations inconnues et non découvertes, quelque chose de l'exotique que les voyageurs vont chercher avec mille souffrances dans les pays lointains.

1. Il oppose ainsi des prostituées « embourgeoisées », vivant confortablement dans un quartier parisien situé près de l'église Notre-Dame de Lorette aux prostituées misérables, faisant le trottoir rue Saint-Honoré, à Paris.

Texte 3 • Ferdinand Brunetière, « La Banqueroute du naturalisme », 1887

Le critique s'attaque violemment aux naturalistes français, et en particulier à Zola, en leur opposant les naturalistes russes et anglais qui ne méprisent pas leur sujet, même s'il est rude et bas, et ne se complaisent pas dans l'ordure. Flaubert et Zola, au contraire, lui apparaissent comme profondément indifférents au sort des plus misérables, même s'ils jouent à les représenter.

C'est que ceux-ci (Tolstoï, Dostoïewski, Dickens, George Eliot) ont vraiment aimé les humbles et les dédaignés, cette foule anonyme et obscure, que le grand art, l'art officiel et d'apparat, si l'on peut ainsi dire, avait rayée de ses papiers. Ils ont cru que l'égalité des hommes dans la souffrance et dans la mort donnait à tous un droit égal à l'attention de tous. S'ils sont descendus dans l'âme d'une fille ou d'un criminel, ç'a été pour y chercher l'âme elle-même et l'humanité. Et s'ils n'ont pas reculé devant la peinture de la laideur et de la vulgarité, c'est qu'ils ont cru que l'on avait inventé l'art pour nous en consoler, en les anoblissant. Mais nos *naturalistes* à nous, véritables mandarins[2] de lettres, infatués[3] comme Flaubert et comme M. Zola de la supériorité sociale de l'art d'écrire sur celui de fabriquer de la toile ou de cultiver la terre, uniquement attentifs à « soigner », comme on dit, leur réputation et leur vente, ils n'ont vu, dans tout ce qui n'avait pas écrit *L'Assommoir* ou *La Tentation de saint Antoine*, que matière à caricature. Et manque de sympathie pour autre chose qu'eux-mêmes, c'est ainsi que leur observation, quand encore ils daignaient observer, n'a pas pénétré au-delà de l'écorce des choses. Ils n'en ont vu que le contour, ils n'en ont su fixer que la silhouette ; et, pour cette raison, s'ils doivent durer quelque temps, si les générations qui viennent les lisent encore, ce ne sera pas comme *naturalistes*, ce ne sera pas non plus comme *pessimistes*, – un autre mot qu'ils compromettent par l'usage qu'ils en font, – ce sera comme *vaudevillistes*.

In : La Revue des deux mondes.

2. Le terme désigne péjorativement un écrivain ou un intellectuel coupé des réalités sociales, élitiste et exclusivement préoccupé de son art.
3. Prétentieux, gonflés d'orgueil.

Nouvelles réalistes et naturalistes

Lecture transversale 2

Comment faire surgir l'émotion d'une réalité misérable?

Retour au texte

1 · Quelles sont les diverses émotions suscitées par chacune des nouvelles?

2 · Quel serait le registre de chacune des nouvelles?

Interprétations

« Tranches de vie »

3 · Qui prend la parole dans les nouvelles de Maupassant? Quel est le rôle des discours rapportés dans les autres nouvelles?

4 · Comment l'auteur suggère-t-il la vérité de l'anecdote qu'il évoque, dans chacune des nouvelles?

Des héros de la banalité

5 · Qu'est-ce qui ancre chacune des nouvelles dans une forme de banalité ou de vie ordinaire?

6 · Peut-on parler de « héros », au sens où Zola l'entend dans le texte 1, page ci-contre? Et « d'aventure quelconque »? Justifiez votre réponse.

Des procès-verbaux recomposés

7 · Quels sont les procédés qui dramatisent l'action dans *Miss Harriet*, *Rosalie Prudent*, *La Retraite de M. Bougran*? Qui la soulignent, dans *Les Trouvailles de M. Bretoncel*? Cherchez si on y retrouve des éléments proches de la tragédie (texte 2, p. 132).

8 · Quel rôle joue le travail sur les voix dans *Le Chômage* de Zola? Et celui sur le regard, dans *Instantanées* de Schwob?

9 · Lisez le texte 3, p. 132-133. Les nouvelles du recueil vous paraissent-elles mériter ce reproche?

130 Relire

Lecture transversale 2

Texte 1 • Émile Zola, « Gustave Flaubert », 1875

Dans cet article qui est aussi un manifeste, Zola commence à développer sa théorie du réalisme littéraire, bien au-delà d'une étude de Flaubert.

Où la différence est plus nette à saisir, c'est dans le second caractère du roman naturaliste. Fatalement, le romancier tue les héros, s'il n'accepte que le train ordinaire de l'existence commune. Par héros, j'entends les personnages grandis outre mesure, les pantins changés en colosses. Quand on se soucie peu de la logique, du rapport des choses entre elles, des proportions précises de toutes les parties d'une œuvre, on se trouve bientôt emporté à vouloir faire preuve de force, à donner tout son sang et tous ses muscles au personnage pour lequel on éprouve des tendresses particulières. De là, ces grandes créations, ces types hors nature, debout, et dont les noms restent. Au contraire, les bonshommes se rapetissent et se mettent à leur rang, lorsqu'on éprouve la seule préoccupation d'écrire une œuvre vraie, pondérée, qui soit le procès-verbal fidèle d'une aventure quelconque. [...] On a voulu la médiocrité courante de la vie, et il faut y rester. La beauté de l'œuvre n'est plus dans le grandissement d'un personnage, qui cesse d'être un avare, un gourmand, un paillard, pour devenir l'avarice, la gourmandise, la paillardise elles-mêmes ; elle est dans la vérité indiscutable du document humain, dans la réalité absolue des peintures où tous les détails occupent leur place, et rien que cette place. Ce qui tiraille presque toujours les romans de Balzac, c'est le grossissement de ses héros ; il ne croit jamais les faire assez gigantesques ; ses poings puissants de créateur ne savent forger que des géants.

In : Le Message de l'Europe.

Lecture transversale 2

Texte 2 • Edmond et Jules de Goncourt, préface de *Germinie Lacerteux*, 1864

Alors que le réalisme est déjà bien établi, les frères Goncourt proposent dans cette préface un véritable manifeste du naturalisme.

Vivant au dix-neuvième siècle, dans un temps de suffrage universel, de démocratie, de libéralisme, nous nous sommes demandé si ce qu'on appelle les *basses classes* n'avait pas droit au Roman ; si ce monde sous un monde, le Peuple, devait rester sous le coup de l'interdit littéraire et des dédains d'auteurs qui ont fait jusqu'ici le silence sur l'âme et le cœur qu'il peut avoir, nous nous sommes demandé s'il y avait encore pour l'écrivain et pour le lecteur, en ces années d'égalité où nous sommes, des classes indignes, des malheurs trop bas, des drames trop peu nobles. Il nous est venu la curiosité de savoir si cette forme conventionnelle d'une littérature oubliée et d'une société disparue, la tragédie, était définitivement morte ; si, dans un pays sans caste et sans aristocratie légale, les misères des petits et des pauvres parleraient à l'intérêt, à l'émotion, à la pitié, aussi haut que les misères des grands et des riches ; si en un mot les larmes qu'on pleure en bas pourraient faire pleurer comme celles qu'on pleure en haut.

Texte 3 • Ferragus, « La Littérature putride », 1868

Dans cet article violemment polémique, le journaliste et critique Ferragus (pseudonyme de Louis Ulbach) attaque en particulier Zola, qui vient de publier Thérèse Raquin. *Il impose ici le catalogue des reproches que l'on fera fréquemment aux récits naturalistes.*

Il est plus facile de faire un roman brutal, plein de sanie[1], de crimes et de prostitutions, que d'écrire un roman contenu, mesuré, moiré[2], indiquant les

1. Matière purulente d'odeur fétide, plus ou moins mêlée de sang, produite par des plaies infectées.
2. Avec des effets de contrastes subtils et changeants.

hontes sans les découvrir, émouvant sans écœurer. Le beau procédé que celui d'étaler des chairs meurtries ! Les pourritures sont à la portée de tout le monde, et ne manquent jamais leur effet. Le plus niais des réalistes, en décrivant platement le vieux Montfaucon[3], donnerait des nausées à toute une génération.

Attacher par le dégoût, plaire par l'horrible, c'est un procédé qui malheureusement répond à un instinct humain, mais à l'instinct le plus bas, le moins avouable, le plus universel, le plus bestial. Les foules qui courent à la guillotine, ou qui se pressent à la morgue, sont-elles le public qu'il faille séduire, encourager, maintenir dans le culte des épouvantes et des purulences ?

In : Le Figaro.

3. Célèbre gibet parisien.

Teofilo Patini (1840-1906), *L'Héritier*, huile sur toile,
Rome, Galleria Nazionale d'Arte Moderna e Contemporanea.

Vers l'écrit du bac

Voix intérieures au féminin

▶ Objet d'étude : le personnage de roman du XVIIe siècle à nos jours

Retour sur les nouvelles

1. Où se donne à lire la voix intérieure de personnages féminins ?
   Par quels procédés ?
2. Comment permettent-ils de donner une importance dramatique particulière
   à ces personnages ?

Corpus complémentaire

Texte A – Mme de Lafayette, *La Princesse de Clèves* (1678)

Aimé de la princesse de Clèves, jeune mariée qui s'interdit cette passion par vertu, le duc de Nemours lui déclare sa propre passion de façon oblique (« Il y a des personnes à qui on n'ose donner d'autres marques de la passion qu'on a pour elles, que par les choses qui ne les regardent point »), ce qui trouble d'autant plus la jeune femme.

Madame de Clèves entendait aisément la part qu'elle avait à ces paroles. Il lui semblait qu'elle devait y répondre, et ne les pas souffrir. Il lui semblait aussi qu'elle ne devait pas les entendre, ni témoigner qu'elle les prît pour elle. Elle croyait devoir parler, et croyait ne devoir rien dire. Le discours de monsieur de Nemours lui plaisait et l'offensait quasi également ; elle y voyait la confirmation de tout ce que lui avait fait penser Madame la Dauphine ; elle y trouvait quelque chose de galant et de respectueux, mais aussi quelque chose de hardi et de trop intelligible. L'inclination qu'elle avait pour ce prince lui donnait un trouble dont elle n'était pas maîtresse. Les paroles les plus obscures d'un homme qui plaît donnent plus d'agitation que les déclarations ouvertes d'un homme qui ne plaît pas. Elle demeurait donc sans répondre, et monsieur de Nemours se fût aperçu de son

134 Relire

Groupement de textes

silence, dont il n'aurait peut-être pas tiré de mauvais présages, si l'arrivée de monsieur de Clèves n'eût fini la conversation et sa visite. Ce prince venait conter à sa femme des nouvelles de Sancerre ; mais elle n'avait pas une grande curiosité pour la suite de cette aventure. Elle était si occupée de ce qui se venait de passer, qu'à peine pouvait-elle cacher la distraction de son esprit. Quand elle fut en liberté de rêver, elle connut bien qu'elle s'était trompée, lorsqu'elle avait cru n'avoir plus que de l'indifférence pour monsieur de Nemours. Ce qu'il lui avait dit avait fait toute l'impression qu'il pouvait souhaiter, et l'avait entièrement persuadée de sa passion. Les actions de ce prince s'accordaient trop bien avec ses paroles, pour laisser quelque doute à cette princesse. Elle ne se flatta plus de l'espérance de ne le pas aimer ; elle songea seulement à ne lui en donner jamais aucune marque. C'était une entreprise difficile, dont elle connaissait déjà les peines ; elle savait que le seul moyen d'y réussir était d'éviter la présence de ce prince ; et comme son deuil lui donnait lieu d'être plus retirée que de coutume, elle se servit de ce prétexte pour n'aller plus dans les lieux où il la pouvait voir. Elle était dans une tristesse profonde ; la mort de sa mère en paraissait la cause, et l'on n'en cherchait point d'autre.

Texte B – Gustave Flaubert, *Madame Bovary* (1857)

Accablée de dettes qu'elle a contractées pour vivre un amour adultère, Madame Bovary est contrainte d'aller demander assistance à son premier amant, Rodolphe. Repoussée par ce dernier, elle sombre dans la folie du désespoir.

Elle sortit. Les murs tremblaient, le plafond l'écrasait ; et elle repassa par la longue allée, en trébuchant contre les tas de feuilles mortes que le vent dispersait. Enfin elle arriva au saut-de-loup[1] devant la grille ; elle se cassa les ongles contre la serrure, tant elle se dépêchait pour l'ouvrir. Puis, cent pas plus loin, essoufflée, près de tomber, elle s'arrêta. Et alors, se détournant, elle aperçut encore une fois

---

1. Large fossé destiné à interdire l'accès d'une propriété, sans masquer la vue.

Vers l'écrit du bac — Voix intérieures au féminin

l'impassible château, avec le parc, les jardins, les trois cours, et toutes les fenêtres de la façade.

Elle resta perdue de stupeur, et n'ayant plus conscience d'elle-même que par le battement de ses artères, qu'elle croyait entendre s'échapper comme une assourdissante musique qui emplissait la campagne. Le sol sous ses pieds était plus mou qu'une onde, et les sillons lui parurent d'immenses vagues brunes, qui déferlaient. Tout ce qu'il y avait dans sa tête de réminiscences, d'idées, s'échappait à la fois, d'un seul bond, comme les mille pièces d'un feu d'artifice. Elle vit son père, le cabinet de Lheureux[1], leur chambre là-bas, un autre paysage. La folie la prenait, elle eut peur, et parvint à se ressaisir, d'une manière confuse, il est vrai ; car elle ne se rappelait point la cause de son horrible état, c'est-à-dire la question d'argent. Elle ne souffrait que de son amour, et sentait son âme l'abandonner par ce souvenir, comme les blessés, en agonisant, sentent l'existence qui s'en va par leur plaie qui saigne.

La nuit tombait, des corneilles volaient.

Il lui sembla tout à coup que des globules couleur de feu éclataient dans l'air comme des balles fulminantes en s'aplatissant, et tournaient, tournaient, pour aller se fondre sur la neige, entre les branches des arbres. Au milieu de chacun d'eux, la figure de Rodolphe apparaissait. Ils se multiplièrent, et ils se rapprochaient, la pénétraient ; tout disparut. Elle reconnut les lumières des maisons, qui rayonnaient de loin dans le brouillard.

Alors sa situation, telle qu'un abîme, se représenta. Elle haletait à se rompre la poitrine. Puis, dans un transport d'héroïsme qui la rendait presque joyeuse, elle descendit la côte en courant, traversa la planche aux vaches, le sentier, l'allée, les halles, et arriva devant la boutique du pharmacien.

1. L'usurier qui lui réclame le paiement de ses dettes.

Groupement de textes

Texte C – Guy de Maupassant, *Une vie* (1883)

À peine rentrée de son voyage de noces, la jeune Jeanne de Lamare, l'héroïne du roman, qui n'a connu jusque-là que le couvent, s'aperçoit que tous ses rêves sont derrière elle.

Alors elle s'aperçut qu'elle n'avait plus rien à faire, plus jamais rien à faire. Toute sa jeunesse au couvent avait été préoccupée de l'avenir, affairée de songeries. La continuelle agitation de ses espérances emplissait, en ce temps-là, ses heures sans qu'elle les sentît passer. Puis, à peine sortie des murs austères où ses illusions étaient écloses, son attente d'amour se trouvait tout de suite accomplie. L'homme espéré, rencontré, aimé, épousé en quelques semaines, comme on épouse en ces brusques déterminations, l'emportait dans ses bras sans la laisser réfléchir à rien. Mais voilà que la douce réalité des premiers jours allait devenir la réalité quotidienne qui fermait la porte aux espoirs indéfinis, aux charmantes inquiétudes de l'inconnu. Oui, c'était fini d'attendre. Alors plus rien à faire, aujourd'hui, ni demain ni jamais. Elle sentait tout cela vaguement à une certaine désillusion, à un affaissement de ses rêves. Elle se leva et vint coller son front aux vitres froides. Puis, après avoir regardé quelque temps le ciel où roulaient des nuages sombres, elle se décida à sortir. Étaient-ce la même campagne, la même herbe, les mêmes arbres qu'au mois de mai? Qu'étaient donc devenues la gaieté ensoleillée des feuilles, et la poésie verte du gazon où flambaient les pissenlits, où saignaient les coquelicots, où rayonnaient les marguerites, où frétillaient, comme au bout de fils invisibles, les fantasques papillons jaunes? Et cette griserie de l'air chargé de vie, d'arômes, d'atomes fécondants n'existait plus. Les avenues détrempées par les continuelles averses d'automne s'allongeaient, couvertes d'un épais tapis de feuilles mortes, sous la maigreur grelottante des peupliers presque nus. Les branches grêles tremblaient au vent, agitaient encore quelque feuillage prêt à s'égrener dans l'espace. Et sans cesse, tout le long du jour, comme une pluie incessante et triste à faire pleurer, ces dernières feuilles, toutes jaunes maintenant, pareilles à de larges sous d'or, se détachaient, tournoyaient, voltigeaient et tombaient.

Vers l'écrit du bac — Voix intérieures au féminin

Texte D – Marguerite Duras, *Le Ravissement de Lol V. Stein* (1965)

Lors d'un bal, une autre femme a arraché à Lol V. Stein son fiancé. Elle en est devenue folle. Après son mariage avec un autre homme, elle s'est installée à U. Bridge, où elle a vécu dix ans, avant de revenir dans la ville de sa jeunesse, S. Tahla. Son comportement reste étrange.

Lorsqu'il pleuvait on savait autour d'elle que Lol guettait les éclaircies derrière les fenêtres de sa chambre. Je crois qu'elle devait trouver là, dans la monotonie de la pluie, cet ailleurs, uniforme, fade et sublime, plus adorable à son âme qu'aucun autre moment de sa vie présente, cet ailleurs qu'elle cherchait depuis son retour à S. Tahla.

Elle consacrait ses matinées entières à sa maison, à ses enfants, à la célébration de cet ordre si rigoureux qu'elle seule avait la force et le savoir de faire régner, mais quand il pleuvait trop pour sortir, elle ne s'occupait à rien. Cette fébrilité ménagère, elle s'efforçait de ne pas trop le montrer, se dissipait tout à fait à l'heure où elle sortait, ou même aurait dû sortir si la matinée avait été difficile.

Qu'avait-elle fait à ces heures-là pendant les dix années qui avaient précédé ? Je le lui ai demandé. Elle n'a pas su bien me dire quoi. À ces mêmes heures ne s'occupait-elle à rien à U. Bridge ? À rien. Mais encore ? Elle ne savait dire comment, rien. Derrière des vitres ? Peut-être aussi, oui. Mais aussi.

Ce que je crois :

Des pensées, un fourmillement, toutes également frappées de stérilité une fois la promenade terminée – aucune de ces pensées jamais n'a passé la porte de sa maison – viennent à Lol V. Stein pendant qu'elle marche. On dirait que c'est le déplacement machinal de son corps qui les fait se lever toutes ensemble dans un mouvement désordonné, confus, généreux. Lol les reçoit avec plaisir et dans un égal étonnement. De l'air s'engouffre dans sa maison, la dérange, elle en est chassée. Les pensées arrivent.

Pensées naissantes et renaissantes, quotidiennes, toujours les mêmes qui viennent dans la bousculade, prennent vie et respirent dans un univers disponible aux

Groupement de textes

confins vides et dont une, une seule, arrive avec le temps, à la fin, à se lire et à se voir un peu mieux que les autres, à presser Lol un peu plus que les autres de la retenir enfin.

© Gallimard.

Sujet de bac (séries générales)

Question *(4 pts)*

En vous appuyant sur des citations précises, vous direz comment sont suggérées les émotions qui traversent les personnages féminins.

Travaux d'écriture *(16 pts)*

■ **Commentaire :**

Vous commenterez le texte de Flaubert.

■ **Dissertation :**

En 1933, le romancier François Mauriac écrit : « Le drame d'un être vivant se poursuit presque toujours et se dénoue dans le silence ». Faut-il en conclure que le roman est impuissant à restituer les drames humains ?

■ **Écriture d'invention :**

Imaginez le monologue intérieur de Lol, au cours de l'une de ses promenades. Vous veillerez à l'expression des sensations suscitées par le paysage ainsi que des émotions du personnage.

l'Œuvre en débat — Quelle forme donner à l'écriture du réel ?

> Les nouvelles réalistes et naturalistes n'ont pas suscité les mêmes débats que les romans contemporains sur la question de la vulgarité, de la complaisance dans le sordide, ou du refus cynique de tout idéal. Formes brèves, efficaces, percutantes, elles radicalisent cependant l'interrogation sur ce que l'on peut écrire du réel : reflet, représentation, capture dans une « tranche de vie », et sur ce que la littérature donne à voir du monde. Comment dire la vérité d'une réalité vaste et diverse à travers un récit de quelques pages ?

1 • Relevez dans les textes suivants toutes les références au regard et aux arts visuels.

2 • Comment Maupassant justifie-t-il l'importance de la composition, pour le récit réaliste (texte 1, page ci-contre) ? Quelle lecture en propose Jules Lemaître (texte 3a, p. 143) ?

3 • Montrez que, selon les auteurs des textes qui suivent, il n'y a pas de reproduction fidèle du réel, mais inévitablement une forme de recomposition. Pourquoi le jugement de Jules Lemaître sur Huysmans (texte 3b, p. 143-144) est-il si sévère ? Est-ce que cela correspond à votre impression sur *La Retraite de M. Bougran* ?

4 • Quelle est la critique de l'objectivité réaliste que formulent Proust et Valéry (textes 4 et 5, p. 144-145) ? À votre avis, la forme resserrée de la nouvelle, et le choix d'emprunter le point de vue (ou la voix) du personnage permettent-ils d'y répondre ?

l'Œuvre en débat

Texte 1 • Guy de Maupassant, « Le roman », septembre 1887

Dans ce texte célèbre, Maupassant développe sa théorie du roman réaliste. C'est de sa très grande pratique de la nouvelle (qui met en récit le fait divers) que lui vient la conscience aigüe des problèmes de composition (choix du sujet, rythme et structuration du récit).

[...] Mais en se plaçant au point de vue même de ces artistes réalistes, on doit discuter et contester leur théorie qui semble pouvoir être résumée par ces mots : « Rien que la vérité et toute la vérité. » [...]

Le réaliste, s'il est un artiste, cherchera, non pas à nous montrer la photographie banale de la vie, mais à nous en donner la vision plus complète, plus saisissante, plus probante que la réalité même.

Raconter tout serait impossible, car il faudrait alors un volume au moins par journée, pour énumérer les multitudes d'incidents insignifiants qui emplissent notre existence.

Un choix s'impose donc, – ce qui est une première atteinte à la théorie de toute la vérité.

La vie, en outre, est composée des choses les plus différentes, les plus imprévues, les plus contraires, les plus disparates ; elle est brutale, sans suite, sans chaîne, pleine de catastrophes inexplicables, illogiques et contradictoires qui doivent être classées au chapitre faits divers.

Voilà pourquoi l'artiste, ayant choisi son thème, ne prendra dans cette vie encombrée de hasards et de futilités que les détails caractéristiques utiles à son sujet, et il rejettera tout le reste, tout l'à-côté. [...]

Faire vrai consiste donc à donner l'illusion complète du vrai, suivant la logique ordinaire des faits, et non à les transcrire servilement dans le pêle-mêle de leur succession.

J'en conclus que les réalistes de talent devraient s'appeler plutôt des Illusionnistes. [...]

Publié en tant que préface de *Pierre et Jean*, 1888.

l'Œuvre en débat

Texte 2 • Rémy de Gourmont, « Le naturalisme », avril 1882

Jeune écrivain proche des avant-gardes symbolistes, Rémy de Gourmont critique le naturalisme, comme avatar littéraire de la photographie, incarnation maudite d'une modernité industrielle : l'art ne saurait se contenter d'enregistrer le réel (et de le déformer).

Le mot *naturaliste*, qui signifiait jadis toutes sortes de choses hétéroclites, a conquis par la persistance de M. Zola un sens tout nouveau, à peu près étymologique, quoique contraire au génie de la langue, et qui choque encore, malgré sa banalité, les moins rebelles au néologisme ; le naturalisme est, paraît-il, le retour à l'étude directe de la nature, étude qui doit être faite sans préjugés, sans omissions, avec désintéressement, avec l'impartialité brutale d'un objectif de photographe. C'est bien cela, les romanciers naturalistes sont des photographes ; mais, je le dis dès maintenant, quoique je me propose de revenir longuement sur cette idée importante, des photographes qui, au rebours de leurs confrères de la chambre noire, enlaidissent les objets. Retour à la nature ! C'était la formule du romantisme, c'était la formule de l'éphémère réalisme, c'est la formule du naturalisme, et, pour dire mieux, c'est l'éternel cri de guerre de toutes les écoles ; seulement il y a bien des manières de comprendre la nature, presque autant que de tempéraments particuliers. Le romantisme voyait dans les choses terrestres le beau avant tout, ne considérant le laid que comme un repoussoir ; le réalisme mettait le laid et le beau sur le même plan ; le naturalisme semble ne voir que le laid, rien que le laid.

In : Le Contemporain.

l'Œuvre en débat

Texte 3 • Jules Lemaître, *Les Contemporains*, 1ʳᵉ série, 1886

Jules Lemaître, critique important de la fin du XIXᵉ siècle, passe en revue ses contemporains, et tente de dégager, non sans perspicacité, la singularité littéraire de chacun.

a. Sur Maupassant

M. de Maupassant a l'extrême clarté dans le récit et dans la peinture de ses personnages. Il distingue et met en relief, avec un grand art de simplification et une singulière sûreté, les traits essentiels de leur physionomie. Quelque entêté de psychologie dira : « Ce n'est pas étonnant ; ils sont si peu compliqués ! Et encore il ne les peint que par l'extérieur, par leurs démarches et leurs actes ! – Hé ! Que voulez-vous ? […] – Mais miss Harriet, monsieur ? Comment en vient-elle à aimer ce jeune peintre ? Quel mélange cet amour doit faire avec les autres sentiments de cette demoiselle ! L'histoire de son passé, ses souffrances, ses luttes intérieures, voilà qui serait intéressant ! – Je crois, hélas ! que ce serait fort banal, et que justement miss Harriet nous amuse et nous reste dans la mémoire parce qu'elle n'est qu'une *silhouette* bizarre, ridicule et touchante. » […] M. de Maupassant a encore un autre mérite qui, sans être propre aux classiques, se rencontre plus fréquemment chez eux et qui devient assez rare chez nous. Il a au plus haut point l'art de la composition, l'art de tout subordonner à quelque chose d'essentiel, à une idée, à une situation, en sorte que d'abord tout la prépare et que tout ensuite contribue à la rendre plus singulière et plus frappante et à en épuiser les effets. Dès lors, point de ces digressions où s'abandonnent tant d'autres « sensitifs » qui ne se gouvernent point, qui s'écoulent comme par des fentes et s'y plaisent. De descriptions ou de paysages, juste ce qu'il en faut pour « établir le milieu », comme on dit ; et des descriptions fort bien *composées* elles-mêmes, non point faites de détails interminablement juxtaposés et d'égale valeur, mais brèves et ne prenant aux choses que les traits qui ressortent et qui résument.

b. Sur Huysmans

M. Huysmans est une espèce de misanthrope impressionniste qui trouve tout idiot, plat et ridicule. Ce mépris est chez lui comme une maladie mentale, et

Nouvelles réalistes et naturalistes

l'Œuvre en débat

il éprouve le besoin de l'exprimer continuellement. [...] Comment cela? N'y a-t-il point là quelque contradiction? Nous touchons au fond même du « naturalisme ». Ce que M. Huysmans méprise en tant que réalité, il l'apprécie d'autant plus comme matière d'art. D'ordinaire, ce qui intéresse dans l'œuvre d'art, c'est à la fois l'objet exprimé et l'expression même, la traduction et l'interprétation de cet objet : mais quand l'objet est entièrement, absolument laid et plat, on est bien sûr alors que ce qu'on aime dans l'œuvre d'art, c'est l'art tout seul. L'art pur, l'art suprême n'existe que s'il s'exerce sur des laideurs et des platitudes. Et voilà pourquoi le naturalisme, loin d'être, comme quelques-uns le croient, un art grossier, est un art aristocratique, un art de mandarins égoïstes, le comble de l'art, – ou de l'artificiel.

Texte 4 • Marcel Proust, *Le Temps retrouvé*, 1927

À la fin de La Recherche du temps perdu, *le narrateur, qui veut devenir romancier, développe une théorie du roman en réaction au réalisme : il ne s'agit plus seulement de représenter la réalité, mais de saisir l'épaisseur de la perception qu'on en a (dans le temps, dans les sensations, etc.).*

Quelques-uns voulaient que le roman fût une sorte de défilé cinématographique des choses. Cette conception était absurde. Rien ne s'éloigne plus de ce que nous avons perçu en réalité qu'une telle vue cinématographique. [...]

La littérature qui se contente de « décrire les choses », d'en donner seulement un misérable relevé de lignes et de surfaces, est celle qui, tout en s'appelant réaliste, est la plus éloignée de la réalité, celle qui nous appauvrit et nous attriste le plus, car elle coupe brusquement toute communication de notre moi présent avec le passé, dont les choses gardaient l'essence.

l'Œuvre en débat

Texte 5 • Paul Valéry, *Cahiers*, 1941

L'écrivain Paul Valéry consigne dans ses Cahiers *ses réflexions sur l'expérience et la théorie de la littérature. Il se méfie du roman, et de toute forme de récit, qui ne ferait qu'aggraver selon lui l'incapacité du langage à restituer le réel : comment mettre en mots la connaissance sensible, très personnelle, que nous en avons ?*

Le roman réaliste introduit *toujours* dans la description des choses qui entourent et des êtres eux-mêmes – quantité de remarques et de relations – *réelles*, sans doute – mais qui n'ont jamais été observées par les personnages eux-mêmes, ni observables. Et le lecteur lui-même, en général, ne voit pas ces aspects-là.

Il en résulte que le réaliste introduit une « réalité » qui n'est pas celle de la vie réelle. – Si je décris la vie d'un employé ou d'un paysan, en le plaçant dans le milieu que crée et se donne l'œil d'un peintre, cet homme n'est pas chez lui.

Il y a confusion et mélange de l'observé *réel* et de l'observable étudié. Le personnage n'a jamais *vu* le ton de son couvre-pieds.

Texte 6 • Georges Perec, *Pour une littérature réaliste*, 1962

Alors qu'il n'a encore rien publié, le jeune Georges Perec écrit une série d'articles sur la littérature. Même s'il ne se revendique nullement naturaliste, il associe l'exigence de réalisme et une très grande attention à la forme, à la composition, comme les auteurs des nouvelles étudiées. Dans son œuvre à venir, il fera des contraintes formelles l'un des tremplins de son invention réaliste.

La littérature est, par sa définition même, création d'une œuvre d'art. Elle n'est même rien de plus. Mais ceci ne signifie pas qu'elle est une activité gratuite ni qu'elle est la recherche formelle et abstraite du Beau pour le Beau [...]. Ce que nous appelons œuvre d'art, ce n'est justement pas cette création sans racines

Nouvelles réalistes et naturalistes

l'Œuvre en débat

qu'est l'œuvre esthétiste[1]; c'est, au contraire, l'expression la plus totale des réalités concrètes : si la littérature crée une œuvre d'art, c'est parce qu'elle ordonne le monde, c'est parce qu'elle le fait apparaître dans sa cohérence, parce qu'elle le dévoile, au-delà de son anarchie quotidienne, en intégrant et en dépassant les contingences qui en forment la trame immédiate, dans sa nécessité et dans son mouvement.

Ce dévoilement, cette mise en ordre du monde, c'est ce que nous appelons le réalisme. Ce n'en est peut-être pas la définition orthodoxe et littérale, mais c'en est à notre sens l'expression la plus convaincante, la seule susceptible, à nos yeux, de clarifier un peu la situation, et de nous faire avancer un peu dans ce fatras philosophico-littéraire par lequel la production littéraire dans son ensemble se justifie tant bien que mal : le réalisme est description de la réalité, mais décrire la réalité c'est plonger en elle et lui donner forme, c'est mettre à jour l'essence du monde : son mouvement, son histoire.

in : *L. G. : une aventure des années soixante*, © Le Seuil, 1992.

1. Néologisme de Perec, pour désigner une œuvre qui ne vise que la perfection esthétique (le beau), et est ainsi indifférente au monde réel.

146 Relire

Question d'actualité — Dire les drames ordinaires : fiction ou documents ?

Dans la littérature contemporaine émerge un ensemble de textes qui semblent s'écarter de la fiction, du roman comme de la nouvelle, et choisir d'exposer des documents pour dire le réel, dans sa banalité, ses grisailles et ses douleurs. Alors que la nouvelle réaliste et naturaliste repose sur une structure narrative efficace (exposition, crise ou péripéties dramatiques, chute) pour saisir une « tranche de vie » et dégager une émotion, cette écriture documentaire contemporaine laisse la place aux preuves, aux traces, aux choses vues, indépendamment de toute intrigue, de toute anecdote menée à son terme.

1 · Diriez-vous également que l'échafaudage documentaire a disparu dans les nouvelles étudiées (texte 1, p. 148) ? Êtes-vous d'accord pour préférer la matière documentaire à sa mise en forme dans l'anecdote ou le croquis littéraire ?

2 · Les nouvelles étudiées illustrent-elles le propos de L. Ruffel sur le réalisme français ? Comment comprenez-vous les dernières phrases du texte 2, p. 148-149 ?

3 · Avec quelle nouvelle le texte 3 (p. 149) vous semble-t-il résonner le mieux ? Et pourtant, quelle est la différence fondamentale dans le traitement des voix ?

4 · Comment s'entremêlent évocation des lieux et traces d'une réalité sociale difficile, dans le texte 3 ? Quel effet produit cette écriture « documentaire », bien différente de la restitution d'un paysage intérieur ou symbolique, comme chez Maupassant ou Huysmans ?

Question d'actualité

Texte 1 • Anne Brunswic, « Éloge de l'enquête », 2010

Écrivaine française, elle est l'auteur de textes non fictionnels, à la fois reportages, témoignages, essais. Elle défend l'idée que l'élan essentiel du réalisme n'est pas à chercher dans la forme romanesque aboutie, mais dans les esquisses, les documents, les notes prises sur le vif : c'est là que se donne à lire, aujourd'hui, la réalité confuse du monde contemporain.

Dans la tradition du roman réaliste, l'enquête est le matériau préparatoire au livre, l'écrin de réalité qui va conférer de la vraisemblance aux héros fictifs, un échafaudage qui a vocation à disparaître dans la fiction. Cette tradition, qu'elle se dise réaliste, naturaliste ou hyper-réaliste, est très largement représentée dans le roman contemporain, nourri d'enquêtes sur des faits divers, des milieux sociaux, des événements historiques récents. La tendance à brouiller les cartes existe elle aussi depuis longtemps. Romans vrais, fictions mettant en scène des personnes ayant réellement existé, autofictions, enquêtes romancées.

In : Assises internationales du roman 2009, organisées par la Villa Gillet et *Le Monde*,
© éd. Christian Bourgois.

Texte 2 • Lionel Ruffel, « Un réalisme contemporain : les narrations documentaires », 2012

Le critique s'attache ici à la place du document dans les récits contemporains : il n'y a jamais de document brut, mais toujours un effet de présentation, de composition des documents. Le choix de sujets marginaux ou négatifs est un héritage du naturalisme du XIXᵉ siècle.

Le documentaire ne peut être conçu que comme un travail d'élaboration, de construction d'un sens et pas comme l'enregistrement d'un réel déjà donné. Cette conception d'un réel déjà donné à enregistrer est contestée de toutes les manières par tous les champs disciplinaires et artistiques, y compris par les sciences sociales

Question d'actualité

qui influencent les narrations documentaires, et qui fonctionnent précisément avec des enregistrements de parole. On peut même dire que c'est parce que la narration documentaire souhaite atteindre une position éthique à l'égard de la vérité, notamment contre les dérives journalistiques, qu'elle articule si fortement et si obstinément les deux séries que nous croisons depuis le début : récit, rapport, traces du monde, interprétation. C'est encore pour cette raison que le narrateur ressent le besoin de se montrer au travail dans son récit, voire d'expliquer sa méthodologie.

Le modèle, qui s'inspire du réalisme français, est un modèle qui cherche la matière ignoble, l'antisujet, le rien, le déchet, la ruine. C'est un modèle qui privilégie le hors cadre, le hors-scène, l'obscène [...]. Il traque ceux qui ne sont représentés ni esthétiquement, ni politiquement, ce reste non-numéraire et grouillant qu'on appelle parfois le peuple ; il traque par ailleurs le monde des objets abandonnés. Ces auteurs rêvent eux aussi d'écrire un livre sur rien ou presque rien, sur les zones laissées vacantes des systèmes de représentation majoritaires. Mais écrire un livre sur rien, ou presque rien, demande un travail sans merci pour ne pas réintroduire l'idéal ou l'héroïsme. Et effectivement, il n'est pas si simple de ne pas héroïser le réel, surtout lorsque ce réel vous tend des pièges.

In : Littérature, n° 166.

Texte 3 • François Bon, *Daewoo*, 2004

Après la fermeture brutale de trois usines Daewoo, fin 2002, en Lorraine, l'écrivain est allé à la rencontre de ceux et surtout celles qui avaient été victimes de cette violence sociale. Il retranscrit les confidences entendues, les doutes, sur le travail et les luttes perdues, et choisit d'en faire un roman : « Si les ouvrières n'ont plus leur place nulle part, que le roman soit mémoire. » Il est ici question d'Audrey K., qui vient d'être licenciée.

C'est moi qui avais voulu qu'on parle de la peur qui s'installe, de la peur ordinaire, quand derrière l'avalanche de chiffres il y a cette simple perpétuation du quotidien, du visage qu'on offre aux autres dans la ville, de qui on est pour

Question d'actualité

ses enfants et ce qu'on leur propose. On m'a laissé prendre des notes, on m'a demandé souvent de ne pas faire état du nom, parfois du nom ni du prénom. Je ne prétends pas rapporter les mots tels qu'ils m'ont été dits : j'en ai les transcriptions dans mon ordinateur, cela passe mal, ne transporte rien de ce que nous entendions, mes interlocutrices et moi-même, dans l'évidence de la rencontre. […]

« On sent les choses avec ce qu'on est, on gamberge. C'est la durée qui est difficile. Alors évidemment c'est limite. Moi je gagnais bien, à ma mère ou des amies je disais : « Je gagne beaucoup. » Et puis tu dis ça à quelqu'un d'autre, et tu vois un sourire en coin : moi j'étais contente parce que ça me faisait plus que d'autres filles, disons une fille qui commence, ou bien une fille juste là à la chaîne. « Mais quoi, quand tu enlèves le loyer d'abord, et puis les crédits : la voiture […], la machine à laver en quatre fois (comment on ferait, moi et mes filles sans machine à laver), bon, tu divises en quatre, et voilà ce qui me reste par semaine. »

© Librairie Arthème Fayard, 2004.

Texte 4 • Jean Rolin, *Terminal frigo*, 2005

C'est l'itinéraire d'un homme mûr le long du littoral français qui fait l'unité de ce récit : il observe la désagrégation de certains lieux, dans des villes portuaires et industrielles, rencontre des marginaux. À Calais, les migrants se terrent, en attendant de passer pour l'Angleterre, dans ces endroits étranges où le réel semble se défaire – signe d'une société et d'un monde qui se défont eux aussi.

Après la distribution de nourriture, l'un des itinéraires de dispersion les plus souvent empruntés par les clandestins longe le quai Fournier, au pied du bassin Carnot. À l'extrémité de ce quai, au pied de grands tas de sable beige ou rosé, l'habituel éclairage orange permet de distinguer dans la nuit la silhouette blanche d'un grand voilier commercial à coque métallique, genre cap-hornier, démâté et partiellement détruit par un incendie. À la lumière du jour, tandis qu'une grue s'emploie à défaire un des tas de sable avant de le reconstituer un peu plus loin,

Question d'actualité

on voit que le cap-hornier démâté a été autrefois aménagé en guinguette, et que c'est celle-ci qui a brûlé. Là où le pont est à ciel ouvert, libre de superstructures calcinées, il est recouvert d'une couche de sédiments inégalement répartie, où s'est développée par endroits une végétation de terrain vague, et sur laquelle se détachent des traces de pas menant à une écoutille, attestant que la cale est toujours occupée par des squatters.

© POL.

Migrants à Calais, le 22 décembre 2008.

Nouvelles réalistes et naturalistes

Rencontre avec

Henri Mitterand

Universitaire, spécialiste du roman au XIXe siècle et du naturalisme. Il vient de publier *Nouvelles noires* et *Nouvelles roses*, deux volumes de nouvelles d'Émile Zola aux éditions Livre de poche.

▶ *Vous avez consacré votre vie à Émile Zola et aux écrivains réalistes du XIXe siècle : vous souvenez-vous de votre première rencontre avec ces écrivains ?*

Il est difficile de dater une « première » rencontre de cette sorte. Je me rappelle qu'à l'école primaire j'avais dû apprendre par cœur un poème de Maupassant, avec pour premier hémistiche : « La grande plaine est blanche… » À l'époque, on lisait à l'école les auteurs français de qualité, plutôt que les traductions d'ouvrages étrangers calibrés « pour la jeunesse »…

Le nouvelliste et le romancier sont venus beaucoup plus tard, dans le voisinage de Zola, justement. Celui-ci, je l'ai « rencontré » adolescent, au hasard d'emprunts à la bibliothèque de ma petite ville. Il était peu représenté dans les recueils de « morceaux choisis », mais il suffisait d'un extrait, ou d'une allusion du professeur, pour donner envie d'y aller voir de plus près. J'ai dû lire à 15-16 ans *L'Assommoir*, *La Terre*, *Au Bonheur des Dames*. Mais la vraie et prometteuse « première » rencontre s'est produite après l'agrégation. Intéressé par l'histoire de la langue, je

152 Relire

Rencontre avec

cherchais un sujet de thèse. Le professeur Robert-Léon Wagner, un des grands esprits de la Sorbonne, me dit qu'on avait encore peu travaillé sur l'œuvre de Zola, et que je devrais regarder de ce côté. Je découvris à la Bibliothèque Nationale une forêt vierge de manuscrits, de plans, de notes d'enquêtes, à peine explorée parce que la Sorbonne était encore une vieille dame effarouchée par les « audaces » impudiques de Zola et par son engagement dans l'affaire Dreyfus. Quelques années plus tard, le docteur Jacques Émile-Zola, fils de l'écrivain, me prit en amitié. L'occasion se présenta de préparer l'édition des *Rougon-Macquart* dans la Pléiade. La rencontre était devenue un compagnonnage.

▶ *Comment expliquez-vous que Zola et Maupassant comptent toujours parmi les écrivains les plus lus, aujourd'hui encore ?*

Leur succès s'explique par des raisons différentes. De Maupassant, on lit plus volontiers les contes et les nouvelles que les romans, mis à part *Bel-Ami* et *Une Vie*. « Boule de suif », « La Maison Tellier », « La Femme de Paul », « La Petite Roque », « Le Horla », et combien d'autres, sont des chefs-d'œuvre absolus du récit court. Leur charme tient à plusieurs traits qui le font reconnaître entre tous les conteurs contemporains : un regard sur les choses et les êtres toujours précis, détachant le trait typique et la note singulière, épinglant de manière amusée, sarcastique ou méditative les pièges de la libido, les cynismes moraux et politiques des ordres dominants, et les ombres des comportements dominés. Tantôt l'ironie, jusqu'au burlesque, tantôt le frisson du fantastique ou de la compassion. Tout cela servi par une maîtrise virtuose du scénario narratif, avec ses intrigues à cadre resserré, sa logique sans faute de la composition, du tempo, des enchaînements, des rebondissements et des correspondances. Ajoutez sa poésie très personnelle de l'eau, de la lumière, de la nuit, du flux des sensations et de la vie. Le plaisir du texte zolien est d'une autre nature. C'est pour cela que les ranger tous les deux, avec d'autres, sous l'étiquette du naturalisme (que récusait Maupassant), n'est qu'une commodité critique et pédagogique qui n'a pas grand sens en dépit de la campagne théorique que Zola a lui-même construite sur ce mot.

Nouvelles réalistes et naturalistes

Rencontre avec

▶ *D'où provient l'énergie avec laquelle ces écrivains abordent les grandes questions sociales de leur temps ?*

Répondre à cette question, c'est aussi achever de répondre à la précédente, en essayant d'expliquer pourquoi l'œuvre de Zola, comme celle de Maupassant, a conservé un vaste public.

Le mot *énergie* est important, non pas parce qu'il caractériserait à égalité Maupassant et Zola, mais parce que Zola est le seul des deux hommes à qui il s'applique en toutes ses acceptions. De même, d'ailleurs, la notion de « grandes questions sociales ». Maupassant fait preuve de force intérieure et de détermination dans la conduite de sa vie personnelle et dans la discipline qu'il s'impose pour mener à bien son travail de chroniqueur, de nouvelliste, de romancier, et même de dramaturge. Une persévérance concentrée sur les dix années que la vie lui a laissées pour le temps de l'écriture. Mais les sujets et le cadre de ses romans, enfermés dans un espace social restreint, et la succession nonchalante de leurs épisodes se prêtent à illustrer de préférence des questions qu'on dirait aujourd'hui « sociétales » – le mariage, l'adultère, le déroulement des carrières, les entreprises de séduction, les rituels mondains. Le modèle des *Rougon-Macquart*, pour sa part, met en œuvre une énergie intellectuelle et une dynamique de la construction romanesque qui se portent tout naturellement vers le fonctionnement et les transformations de la société tout entière : ressorts de l'économie, crises politiques, conflits de classes, fatalités du sexe et de l'argent – « l'or et la chair », dans le vocabulaire de *La Curée* –, forces et désastres de la guerre, etc.

▶ *Y a-t-il une qualité singulière de ces nouvelles, qui les rend à la fois si lisibles et si fortes ?*

Ces huit nouvelles se ressemblent par divers aspects : leur brièveté ; la durée resserrée de l'anecdote contée – sauf pour « La retraite de M. Bougran » ; la concentration du regard sur un seul personnage principal (sauf pour « Les servantes »), ou même sur un unique objet (« Instantanées ») ; la part prépondérante du dialogue, par lequel se révèlent les interlocuteurs ; le choix majoritaire d'un milieu provincial et populaire, marqué par la pauvreté, la naïveté, le dénuement matériel et moral – mais aussi éventuellement, par une certaine dose de malice (« Les Servantes »,

Rencontre avec

« Le père Nicolas »). Les trois nouvelles parisiennes mettent en scène le même type de protagonistes, mais avec un accent supplémentaire d'amertume et de critique sociale (l'injustice sociale, la servitude et l'humiliation assumée des « ronds-de-cuir », l'horreur de la peine de mort). Leur qualité de mouvement et d'écriture est cependant inégale : fin prévisible et conduite molle chez Champfleury, personnages non individualisés chez Zola, qui a d'ailleurs écrit « Le chômage » dans l'entre-deux du récit et de l'article polémique, même ambiguïté générique chez Schwob, figures conventionnelles chez Mirbeau – à la différence du « métier » assuré de Maupassant et de Banville.

▶ *D'où vient le fait que, malgré la précision de leur ancrage dans une époque et un milieu, leur propos nous semble universel ?*

L'un explique l'autre, en fait. C'est parce que ces romans et ces nouvelles nous paraissent vivre de la vie de l'époque et du monde, avec un visible souci d'authenticité matérielle et humaine, qu'ils nous poussent à tenter une comparaison entre leurs représentations et celles que nous nous faisons de notre propre monde et de nos

contemporains. Ils ne sont ni plus ni moins démodés que les maximes des moralistes du Grand siècle, les tragédies de Racine et les comédies de Molière, *La Princesse de Clèves* ou *Manon Lescaut* ; et à l'inverse, ni plus ni moins « modernes » que Freud, Proust, voire les surréalistes.

Le tout est de bien lire Zola, d'échapper aux poncifs répandus sur le « roman naturaliste », le misérabilisme, le scientisme, le « roman expérimental », Claude Bernard, l'hérédité, etc., et de découvrir ses intuitions propres sur les mouvements cachés du psychisme et de la socialité, son sens aigu de la « comédie humaine », et sa parenté avec les penseurs et les rêveurs de tous les temps.

▶ *Toujours lus, et avec passion, ces textes qui ont désormais largement plus d'un siècle sont également très souvent adaptés pour le cinéma, et même pour la télévision, comme en témoigne le grand succès des téléfilms « Chez Maupassant », récemment : cela tient-il à une certaine efficacité propre de la narration ? à la puissance des personnages ?*

Le cinéma et la télévision se prêtent comme le roman et la nouvelle à la narration de l'événement réel ou fictif. Si le récit

Nouvelles réalistes et naturalistes **155**

Rencontre avec

littéraire use essentiellement du langage verbal, l'instrument principal du récit filmique est l'image visuelle, plus exactement la suite d'images, montée en séquences et en plans. Mais le passage de l'un à l'autre est naturel, et l'œuvre de Zola a inspiré les cinéastes dès le début du XXᵉ siècle (*Les Victimes de l'alcoolisme*, de Zecca, 1902 ; *L'Assommoir*, de Cappellani, 1909 ; *La Terre*, de Jasset, 1912 ; *Germinal*, de Cappellani, 1913 ; etc.). Maupassant a suivi, avec plusieurs films tirés de *Bel-Ami*, et surtout nombre d'adaptations télévisées de ses contes et nouvelles les plus populaires.

Ce succès tient à la présence, chez ces deux écrivains, et en dépit des différences qui séparent leurs tempéraments créateurs, de plusieurs traits propres à inspirer les scénaristes et les réalisateurs : l'inscription de l'histoire contée dans un temps et un espace bien délimités et bien documentés en matière de décors et de mœurs ; l'agencement serré des enjeux, du déroulement et des péripéties de l'action ;

la part laissée au dialogue : l'invention de personnages bien typés, en relief sur leur groupe d'origine, liés les uns aux autres par un nœud de désirs, de débats et de combats, et lancés sur une voie sans retour, vers une issue toujours en quelque façon dramatique (*L'Assommoir*, « La petite Roque »), ou au contraire, plus rarement, burlesque (« La Maison Tellier »).

▶ *Quels sont les écrivains qui vous paraissent, aujourd'hui, s'inscrire dans la filiation des conteurs réalistes de la fin du XIXᵉ siècle ?*

Difficile de citer quelques noms ou titres parmi les cinq ou six cents nouveautés qui paraissent à chaque rentrée littéraire. Pour les nouvellistes et les conteurs à recommander, on pourrait citer Marcel Aymé, Daniel Boulanger, et d'autres dont les récits tiennent du conte ou de la nouvelle autant que du roman, et où réalité et irréalité se marient avec bonheur, Vian, Queneau, Perec, Pinget.

Lire et Voir

NOUVELLES

- **Valery Larbaud,** *Enfantines*, **Gallimard, 1918**

    Nouvelles peuplées d'enfants et d'adolescents, apparemment légères, mais qui s'interrogent sur les ressorts de l'âme humaine à travers des choses vues et des instants fugitifs.

- **Jean-Paul Sartre,** *Le Mur et autres nouvelles*, **Gallimard, 1939**

    « Cinq petites déroutes tragiques ou comiques », selon Sartre lui-même, qui explorent des crises individuelles et collectives où l'individu révèle ses failles.

- **Didier Daeninckx,** *Zapping, nouvelles*, **Denoël, 1992,
et** *En Marge*, **Gallimard, 1994**

    Nouvelles cruelles sur les tares de la société contemporaine, sur les usages de la télévision, les nouvelles marginalités, les conformismes coupables.

- **Emmanuel Bove,** *Monsieur Thorpe et autres nouvelles*, **Castor Astral, 2003**

    Nouvelles à l'écriture sèche et caustique mettant en scène des anti-héros humbles et parfaitement banals, qui affrontent cependant les pires drames.

BANDES DESSINÉES

- **David B. (scénario), Emmanuel Guibert (dessins),** *Le Capitaine Écarlate*, **Dupuis, 2000**

    Magnifique rêverie poétique et fantastique sur les aventures que Marcel Schwob n'aura pas vécues.

Films

• Alexandre Astruc, *Une vie*, drame, 1958

Une adaptation très romanesque du chef-d'œuvre de Maupassant, par un cinéaste qui recherchait, à la manière des écrivains réalistes, les « manifestations visuelles de la psychologie des personnages ».

• Joseph Losey, *The Servant*, 1963

Un très grand film, qui pousse à l'extrême la complexité des rapports maîtres/domestiques : c'est le maître qui finit par devenir l'esclave de son serviteur.

• Jacques Rouffio, *Miss Harriet*, fiction télévisée, 2007

Une adaptation fidèle de la nouvelle de Maupassant.

TABLE DES ILLUSTRATIONS

Couverture : Demetrio Cosola (1851-1895), *Les Paysannes et le peintre*, huile sur toile, 1892, collection particulière. © Electa/Leemage.

p. 4 : Nadar (1820-1910), *Portrait de Champfleury*, collection particulière.

p. 4 : Édouard Manet (1832-1883), *Portrait d'Émile Zola* (1868), huile sur toile (1,46 x 1,14 m), musée d'Orsay, Paris, BIS/© Archives Larbor.

p. 5 : Nadar (1820-1910), *Portrait de Guy de Maupassant*, BIS/© Archives Larbor.

p. 5 : Alfred Dehodencq, *Portrait de Banville* (1867), BnF, Paris, BIS/© Archives Larbor.

p. 6 : *Portrait d'Octave Mirbeau*, vers 1895, BIS/© Archives Larbor.

p. 6 : Adolphe Gumery (1861-1943), *Portrait de Joris-Karl Huysmans* (1884), huile sur toile, collection G.S., BIS/© Archives Larbor/Luc Joubert.

p. 7 : *Portrait de Marcel Schwob*, collection particulière.

p. 7, 10, 102 : © Roger-Viollet/Neurdein.

p. 13 : Gustave Caillebotte (1848-1894), *Le Pont de l'Europe* (1876), huile sur toile (1,25 x 1,81 m), musée du Petit Palais, Genève, BIS/© Archives Larbor.

p. 14 : © Selva/Leemage

p. 46 : © Photo Josse/Leemage

p. 61 : © Neurdein/Roger-Viollet

p. 72 : © Photo Josse/Leemage

p. 78 : © Bulloz-RMN-Grand-Palais.

p. 87 : © Roger-Viollet.

p. 107 : © Selva/Leemage.

p. 109 : Emilio Longoni (1859-1932), *Réflexion d'un affamé*, huile sur toile, Biella, Museo Civico, © Archives Alinari, Florence, Dist. RMN-Grand Palais/Luciano Eccher.

p. 122 : © Maison de Victor Hugo/Roger-Viollet.

p. 133 : © DeAgostini/Leemage.

p. 151 : © Aimée Thirion/Divergence.

P. 152 : © D.R.

p. I et 125 : © Photo RMN-Grand-Palais/Hervé Lewandowski.

p. II et 125 : © RMN-Grand-Palais (Musée d'Orsay)/Hervé Lewandowski, © ADAGP, Paris 2013.

p. III et 125 : © Musée Carnavalet/Roger-Viollet.

p. IV et 125 : © BnF, Paris.

Conception graphique : Julie Lanes
Design de couverture : Denis Hoch
Recherche iconographique : Claire Balladur
Mise en page : ScienTech Livre
Édition : Valérie Antoni
Fabrication : Marine Garguy
Impression & brochage SEPEC - France
Numéro d'impression : 06601151012 - Dépôt légal : novembre 2015
Numéro de projet : 10219605

COLLÈGE

73. **BALZAC**, *Adieu*
65. **BÉDIER**, *Tristan et Iseut*
74. **CHRÉTIEN DE TROYES**, *Yvain, le Chevalier au lion*
51. **COURTELINE**, *Le gendarme est sans pitié*
38. **DUMAS**, *Les Frères corses*
71. **FEYDEAU**, *Un fil à la patte*
67. **GAUTIER**, *La Morte amoureuse*
 1. **HOMÈRE**, *L'Odyssée*
29. **HUGO**, *Le Dernier Jour d'un condamné*
80. **HUGO**, *Claude Gueux*
 2. **LA FONTAINE**, *Le Loup dans les Fables*
 3. **LEPRINCE DE BEAUMONT**, *La Belle et la Bête*
10. **MAUPASSANT**, *Boule de suif*
26. **MAUPASSANT**, *La Folie dans les nouvelles fantastiques*
43. **MAUPASSANT**, *Quatre nouvelles normandes* (anthologie)
62. **MÉRIMÉE**, *Carmen*
11. **MÉRIMÉE**, *La Vénus d'Ille*
68. **MOLIÈRE**, *George Dandin*
 7. **MOLIÈRE**, *L'Avare*
23. **MOLIÈRE**, *Le Bourgeois gentilhomme*
58. **MOLIÈRE**, *Le Malade imaginaire*
70. **MOLIÈRE**, *Le Médecin malgré lui*

52. **MOLIÈRE**, *Le Sicilien*
36. **MOLIÈRE**, *Les Fourberies de Scapin*
 6. **NICODÈME**, *Wiggins et le perroquet muet*
21. **NOGUÈS**, *Le Faucon déniché*
59. **PERRAULT**, *Trois contes* (anthologie)
 8. **POUCHKINE**, *La Dame de pique*
39. **ROSTAND**, *Cyrano de Bergerac*
24. **SIMENON**, *L'Affaire Saint-Fiacre*
 9. **STEVENSON**, *Le Cas étrange du Dr Jekyll et de M. Hyde*
54. **TOLSTOÏ**, *Enfance*
61. **VERNE**, *Un hivernage dans les glaces*
25. **VOLTAIRE**, *Le Monde comme il va*
53. **ZOLA**, *Nantas*
42. **ZWEIG**, *Le Joueur d'échecs*
64. *Ali Baba et les quarante voleurs*
81. *Anthologie du slam*
 4. *La Farce du cuvier* (anonyme)
37. *Le Roman de Renart* (anonyme)
41. *Les Textes fondateurs* (anthologie)
44. *Quatre contes de sorcières* (anthologie)
 5. *Quatre fabliaux du Moyen Âge* (anthologie)
27. *Quatre nouvelles réalistes sur l'argent* (anthologie)
22. *Trois contes sur la curiosité* (anthologie)

LYCÉE

33. **BALZAC**, *Gobseck*
60. **BALZAC**, *L'Auberge rouge*
47. **BALZAC**, *La Duchesse de Langeais*
18. **BALZAC**, *Le Chef-d'œuvre inconnu*
72. **BALZAC**, *Pierre Grassou*
32. **BEAUMARCHAIS**, *Le Mariage de Figaro*
20. **CORNEILLE**, *Le Cid*
56. **FLAUBERT**, *Un cœur simple*
49. **HUGO**, *Ruy Blas*
57. **MARIVAUX**, *Les Acteurs de bonne foi*
48. **MARIVAUX**, *L'Île des esclaves*
19. **MAUPASSANT**, *La Maison Tellier*
69. **MAUPASSANT**, *Une Partie de campagne*
55. **MOLIÈRE**, *Amphitryon*

15. **MOLIÈRE**, *Dom Juan*
35. **MOLIÈRE**, *Le Tartuffe*
63. **MUSSET**, *Les Caprices de Marianne*
14. **MUSSET**, *On ne badine pas avec l'amour*
46. **RACINE**, *Andromaque*
66. **RACINE**, *Britannicus*
30. **RACINE**, *Phèdre*
13. **RIMBAUD**, *Illuminations*
50. **VERLAINE**, *Fêtes galantes, Romances sans paroles*
45. **VOLTAIRE**, *Candide*
17. **VOLTAIRE**, *Micromégas*
31. *L'Encyclopédie* (anthologie)
75. *L'Homme en débat au XVIIIe siècle* (anthologie)